JN113626

落語家
桂竹丸の戦国ひとり旅

桂竹丸
落語家

敬文舎

はじめに――大好きで大嫌いな戦国時代……8

第一章　淀君編……15
淀にはじまり淀に終わる……16
茶々（淀君）の略系図
淀君ゆかりの地・小谷城と北庄城を訪ねて……18
淀君関連年表

信長とお市の方……22
織田信長の台頭／信長は「引っ越し魔」／安土城――そびえる天守
戦国探検隊レポート①城、城、城……26
淀君、誕生／小谷城の落城

女の戦い……34
信長の後継者問題／北庄城落城／落城の女
戦国探検隊レポート②四度の落城を経験、お初常高院……41
正室ねね／三姉妹の嫁ぎ先／茶々の計算？

秀吉死す……46
太閤秀吉／秀頼誕生／秀吉の死

戦国探検隊レポート③大阪城で大木を描く……54
戦国探検隊レポート④豊臣秀頼はだれの子？……56

関ヶ原の戦い、その後……58
三成・清正の死／家康の時代
戦国探検隊レポート⑤八丈島に流された宇喜多秀家……62
戦国探検隊レポート⑥落語にみる豊臣秀頼生存説……64

第二章　島津義弘編……65
鹿児島のもうひとりの偉人……66
島津義弘の略系図
島津義弘（維新公）ゆかりの地を訪ねて……68
島津義弘関連年表

「維新公」島津義弘の初陣……72
鹿児島の偉人、西郷隆盛／鎌倉時代からの名門／島津義弘、伊作に生まれる／島津四兄弟
戦国探検隊レポート⑦島津家の宝……79

戦いの日々……80
岩剣城攻め、はじめて鉄砲隊を／耳川の戦い／沖田畷の戦い／根白坂の戦い

戦国探検隊レポート⑧鹿児島、薩摩の山々……89
戦国探検隊レポート⑨奥州家と総州家……92

関ヶ原の島津義弘……93
大坂城で人質生活／秀吉の死と朝鮮撤退／天下分け目の戦い／老将、突入
裏切りありの関ヶ原／家康の策略／西軍の大将が島津なら……／島津の退き口／義弘と隆盛
戦国探検隊レポート⑩クモ合戦、島津義弘の残したもの……109

第三章　武田勝頼編……111
武田勝頼はどう生きていたか！……112
武田勝頼の略系図
武田勝頼ゆかりの地を訪ねて……114
武田勝頼関連年表

信玄と勝頼……118
人心掌握の人、武田信玄／甲府盆地と武田信玄
戦国探検隊レポート⑪信玄堤……123
戦国探検隊レポート⑫武田信玄と「ほうとう」……125
戦国時代の親子関係／諏訪御料人
戦国探検隊レポート⑬諏訪大社と諏訪湖……131

もくじ

武田騎馬軍団……133
信玄の後継者に／三方ヶ原の戦い／武田家滅亡への道／穴山梅雪
戦国探検隊レポート⑭ 勝頼の兄弟……141
大決戦……142
武田軍と織田・徳川連合軍との戦い／長篠の戦い／勝頼、敗走／高坂弾正の改革
武田家滅亡への道……151
信玄・謙信と信長の違い／裏切りと勝頼の覚悟／武田家の戦後処理
戦国探検隊レポート⑮ 甲府城……158
戦国探検隊レポート⑯ 映画「影武者」……160

第四章 石田三成編……161
ピュアな心の持ち主、石田三成の生きざま……162
石田三成の略系図
石田三成ゆかりの地・長浜と関ヶ原を訪ねて……164
石田三成関連年表
羽柴秀吉との出会い……168
文治派・石田三成／近江国の生まれ／「三献の茶」／大谷吉継との出会い

本能寺の変以後の秀吉と三成……176
中国大返し／二三歳で城持ち大名に
戦国探検隊レポート⑰島左近……181
秀吉の懐刀に……183
忍城攻めの失敗を糧に／朝鮮出兵に反対するが……／秀吉の死と武断派との抗争
三成と家康
戦国探検隊レポート⑱五大老と五奉行……190
関ヶ原の合戦へ……191
竹馬の友、大谷吉継／吉継の諫言／吉継の男気／正義を信じた三成
東軍勝利の理由は？／三成の最期／三成処刑
戦国探検隊レポート⑲彦根城、国宝五城のひとつ……203
第五章　前田利家編……205
加賀百万石の礎を築いた、前田利家の処世術……206
前田利家の略系図
加賀百万石の地・金沢を訪ねて……208
前田利家関連年表

信長と主従に……212
かぶき者・犬千代／清洲織田家に仕官／赤母衣衆の筆頭に
人格形成の浪人生活、そして帰参／前田家の当主に／本能寺の変、信長の死

秀吉、勝家と利家……222
賎ヶ岳の戦い／勝家と決別し、秀吉の臣下に／秀吉からの信頼
戦国探検隊レポート⑳　前田家、百万石の支出事情……228

前田家、加賀百万石へ……230
前田利家の大芝居／利家の遺言／名君、前田利常
戦国探検隊レポート㉑　あやかりたい北陸三県の都市名……236

おわりに――歴史は本当ですか？　ウソですか？……238

装丁・デザイン　竹歳　明弘
地図作成　蓬生　雄司
編集協力　日向野和男
（編集工房一生社）
阿部いづみ
日高　淑子

はじめに――大好きで大嫌いな戦国時代

戦国時代が大好きですが、でも好きではないところもある私なんです。たしかに戦国時代はスリリングでエキサイティング。楽しくて悲しくて、さまざまな人間の業《ごう》を見せてくれる〝歴史のアマゾン〟。なんでもありですよ。

大坂城は二回、江戸城は三回築城しているんですよ。世界でも類をみない木造建築で、どれだけの人力と労働と命をかけて完成されているか！　血と汗と涙の上で構築されているんです。ひとりの権力者が誕生するまで、戦闘要員は命をかけて戦場を駆け巡るわけで、その陰で農民をはじめ、庶民がどれだけ悲惨で残酷な目にあっているか！

略奪、破壊、そして性暴力や南蛮船での奴隷《どれい》貿易……、大坂城落城時のゲルニカ状態。多くの女性や子どもや町人たちがけだもの以下の扱い。また男は落ち武者狩りなど『大坂夏の陣図屛風』を見れば、一目瞭然《いちもくりようぜん》でしょう。そんな暗黒時代が戦国時代なんでしょう。

大河ドラマなどは脚本家の〝思い〟で視聴者が楽しめるストーリーにしてありますし、ま

はじめに

『大坂夏の陣図屏風』（右隻）　左端に大坂城が描かれる。右から左に時間が推移する。筑前黒田家の伝来品で、左隻には略奪、首狩りなどが生々しく描かれる。

た主人公の地元の経済もまわる流れに動きますね。もちろん私は出かけていきますよ。これからは裏日本史をもっと知ることも必要なんです。日本史・世界史というものを華やかな部分と闇の部分を知ることによって、いま生きている時代の良さ悪さを認識できますし、生きている価値がよりわかりやすくなるのではないでしょうか。

温故《おんこ》知新《ちしん》などと言いますが、反面教師としてのさまざまな点から歴史を知れば、もっともっと興味深いかなとも思うのですよ。戦国時代って大好きで大嫌いな私です。なぜなら、それが人間なんですよ。

以上、独断と偏見であることをお許しください。

ところで、信長《のぶなが》・秀吉《ひでよし》・家康《いえやす》の時代には、主君のそばに、御伽衆《おとぎしゅう》といわれる取り巻きがいました。簡単に言えば、主君のそばにあって話し相手をする仕事で、徳川二代将軍秀忠《ひでただ》や三代将軍家光《いえみつ》には、関ヶ原の戦いで西軍だったのに返り咲いた立花宗茂《たちばなむねしげ》や丹羽長重《にわながしげ》などが担当しました。まあ将軍って孤独な立場ですし、心の安らぎを求めたのでしょう。

そんななか、有名なのが豊臣秀吉の御伽衆のひとり曽呂利新左衛門《そろりしんざえもん》、ユーモラスで、トンチで人を笑わせる逸話を残しています。

秀吉が、「町でわしを猿《さる》に似ていると噂《うわさ》しているが、どう思う？」と問うと、「いや殿下のお顔が猿に似ているんではなく、猿が殿下に似たんです。殿下の御威徳《いとく》にあやかって努めて似たいと思うのはだれしも同じこと」と答えたといいます。この話、落語「猿後家《さるごけ》」の原型みたいな話なんですよ。

また、秀吉がほうびとして黄金をやるというと、秀吉に「毎日、殿下の耳のニオイをかがせて欲しい」と願い出ます。秀吉もおもしろがって許します。諸大名居並ぶ前で秀吉の脇に座り、耳のニオイをかぐのです。大名からは、秀吉に告げ口をしているように見え、曽呂利に金銀を送るようになった大名が多くなった!!　なんて……。

毎日、戦場で命をかける武士たちのちょっとした心の憩いとして、御伽衆は重宝されたのでしょう。曽呂利新左衛門は、まさに落語家の元祖なのですね。

戦国時代の大名配置図

1574年ごろの大名の勢力範囲

1595年ごろの大名の勢力範囲

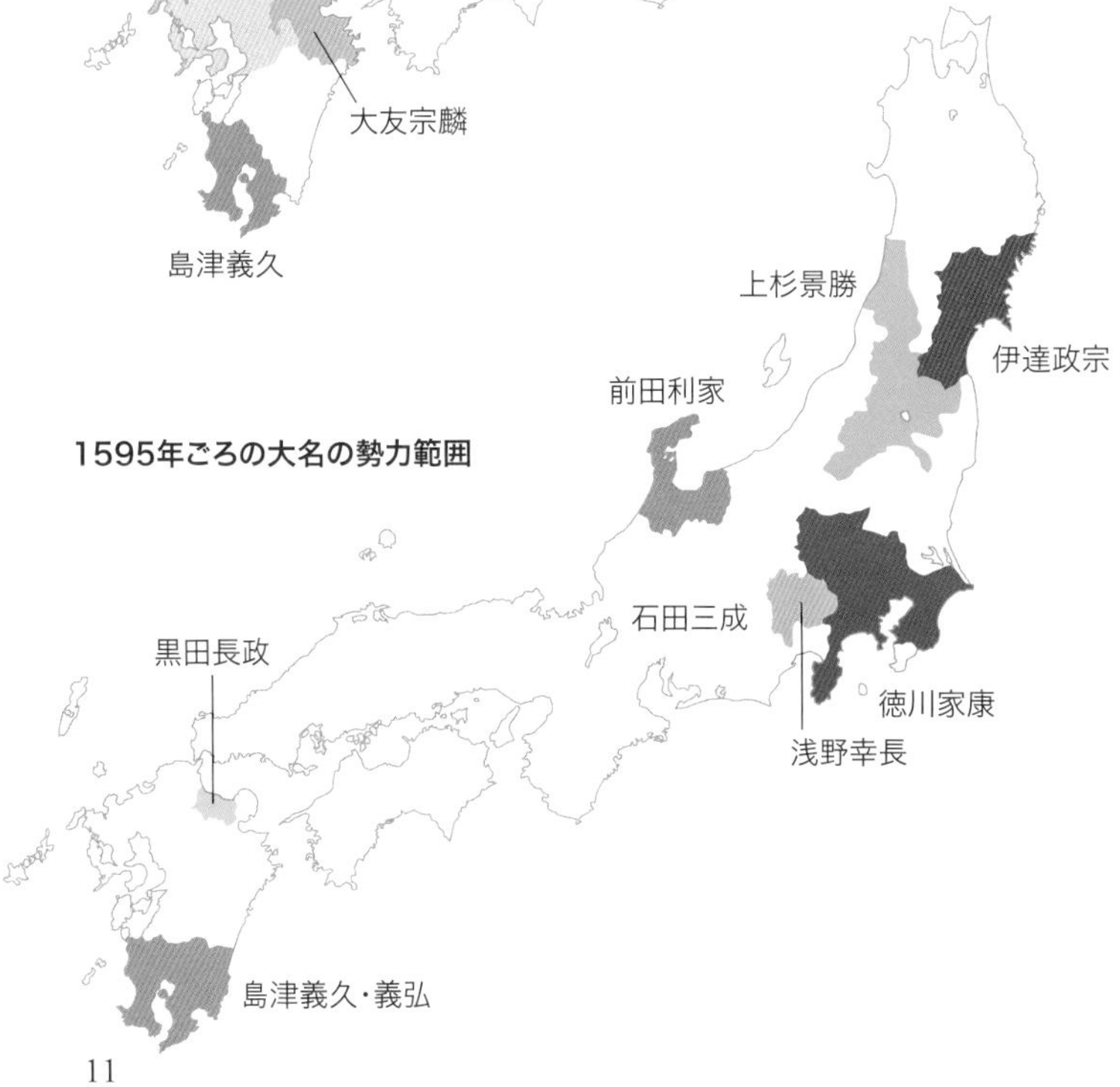

【本書関連略年表】

和暦	西暦	できごと
天文12	1543	ポルトガル人、種子島に鉄砲を伝える
天文19	1550	ザビエル、山口で布教
弘治1	1555	倭寇、中国内陸部に侵入4千人余殺す
永禄3	1560	桶狭間の戦い
永禄4	1561	川中島の戦い
永禄8	1565	将軍足利義輝、暗殺される
永禄10	1567	信長、稲葉山城を斎藤龍興から奪取
永禄11	1568	信長、足利義昭を奉じて京都に入る
永禄12	1569	信長、ルイス・フロイスの京都居住を許す
元亀1	1570	信長敗走（金ヶ崎崩れ） 姉川の戦い（織田・徳川対浅井・朝倉） ポルトガル船、長崎で初交易
元亀2	1571	信長、比叡山を焼き討ち
天正1	1573	室町幕府滅亡／小谷城落城
天正2	1574	越前一向一揆蜂起
天正3	1575	信長・家康、三河長篠に武田勝頼を破る 信長、越前一向一揆を鎮圧する
天正4	1576	信長、安土城を築く 南京芋、長崎に渡来　とうもろこし・すいか・カボチャの種子渡来
天正5	1577	信長、安土城下を楽市とする
天正8	1580	諸国に疫病流行／イギリス船、平戸に来航
天正10	1582	天目山の戦い／本能寺の変／山崎の戦い

関連人物生没年

- 織田信長（1534 ～ 1582）
- 島津義弘（1535 ～ 1619）
- 豊臣秀吉（1537 ～ 1598）
- 前田利家（1538 ～ 1599）
- 徳川家康（1543 ～ 1616）
- 武田勝頼（1546 ～ 1582）
- 石田三成（1560 ～ 1600）
- 淀君（1567? ～ 1615）

天皇在位

- 後奈良（1526 ～ 1557）
- 正親町（1557 ～ 1586）

将軍在位

- 足利義晴（1521 ～ 1546）
- 義輝（1546 ～ 1565）
- 義栄（1568）
- 義昭（1568 ～ 1573）

はじめに

天正11	1583	秀吉、賤ヶ岳に柴田勝家を破る 秀吉、近江を検地する
天正12	1584	家康、秀吉の兵を尾張長久手で破る
天正13	1585	秀吉、京都総見寺で千利休・津田宗久らと茶会を催す 秀吉、関白太政大臣となる
天正14	1586	武蔵品川の住民逃散。このころ、このような抵抗多し
天正15	1587	聚楽第ほぼ完成、秀吉大坂より移る
天正16	1588	秀吉、刀狩り令・海賊禁止令発布
天正18	1590	秀吉、小田原を平定／ヴァリニャーノ、印刷機を伝える
天正19	1591	豊臣鶴松病死
文禄1	1592	朝鮮出兵（文禄の役）
文禄2	1593	豊臣秀頼誕生
文禄3	1594	秀吉、秀次と大和吉野に花見
慶長1	1596	慶長伏見大地震／イスパニア船サン=フェリペ号、土佐に漂着
慶長2	1597	朝鮮出兵（慶長の役）
慶長3	1598	秀吉死去／日本軍の朝鮮からの撤兵ほぼ完了
慶長5	1600	オランダ船漂着、ウィリアム・アダムスを家康が引見 関ヶ原の戦い
慶長8	1603	徳川家康、征夷大将軍となる　江戸に幕府を開く 出雲阿国、京都で歌舞伎踊りを演ずる
慶長19	1614	大坂冬の陣
元和1	1615	大坂夏の陣
元和2	1616	中国以外の外国船を長崎、平戸に限定
元和6	1620	諸大名の普請役で大坂城を大幅に修築する

後陽成（1586～1611）
御水尾（1611～）

徳川家康（1603～1605）
秀忠（1605～）

写真所蔵／提供

P.9 大阪城天守閣
P.17, 22 奈良県立美術館
P.19（中）北の庄城址資料館
P.23 長興寺
P.28（下）滋賀県
P.32（上）福井県立一乗谷朝倉氏遺跡博物館
P.32（下）（公社）福井県観光連盟
P.40 常高寺／福井県立若狭歴史民俗博物館
P.42 高台寺
P.43 松平西福寺
P.44 高台寺
P.49 国立歴史民俗博物館
P.55（上左）復元・設計　島充／監修　三浦正幸
P.55（上右）大阪城天守閣
P.56 妙心寺
P.57 養源院
P.60 大阪城天守閣
P.64 鹿児島県南薩地域振興局
P.67, 76（右）尚古集成館
P.68（上右）（公社）鹿児島県観光連盟
P.69（上）（公社）鹿児島県観光連盟
P.76（左）尚古集成館
P.81 姶良市歴史民俗資料館
P.82 えびの市教育委員会
P.85 島原市教育委員会
P.86 木城町教育委員会
P.87（上）木城町教育委員会
P.87（下）薩摩川内市
P.90（上）霧島神宮
P.107（下）（公社）鹿児島県観光連盟
P.109（公社）鹿児島県観光連盟
P.110（公社）鹿児島県観光連盟
P.113, 138 法泉寺
P.114（上）甲府市観光協会
P.115（上）新城市設楽原歴史資料館
P.115（中左）新城市設楽原歴史資料館
P.115（中右）宗堅寺／
新城市設楽原歴史資料館
P.115（下）新城市設楽原歴史資料館
P.120 恵林寺／信玄公宝物館保管
P.127 恵林寺／信玄公宝物館保管
P.128 甲府市観光協会
P.129（一社）伊那市観光協会
P.139 梅蔭禅寺／静岡市教育委員会
P.143 掛川市
P.145（上）長浜城歴史博物館
P.155 大月市観光協会
P.156 恵林寺
P.157 恵林寺／信玄公宝物館保管
P.163,169 東京大学史料編纂所（模写）
P.164（上）岡 泰行
P.165（一社）岐阜県観光連盟
P.170（一社）びわ湖の素DMO
P.176 岸和田市本徳寺
P.179 薩摩川内市
P.181 東京都立図書館
P.191 東京都立図書館
P.195（一社）岐阜県観光連盟
P.198 東京都立図書館
P.199 東京都立図書館
P.201 東京都立図書館
P.207, 219 開禅寺／石川県立歴史博物館
P.208（上）© 石川県観光連盟
P.208（下左）© 石川県観光連盟
P.209（下3点）© 金沢市
P.214（右）あま市歴史民俗資料館
P.215 © 金沢市
P.220 石川県立歴史博物館
P.234 那谷寺
P.235 © 石川県観光連盟

桂竹丸の戦国ひとり旅

第一章　淀君編

淀にはじまり淀に終わる

戦国時代ほど、歴史ファンの胸をときめかせてくれる時代はないでしょうね！　ワクワクドキドキさせられるのは、私だけではないと思うのですよ。

ただ、それには光と影が存在することも忘れてはなりません。

戦乱の世が応仁《おうにん》の乱《らん》から一〇〇年以上つづき、あの時代の日本人は心休まる日はなかったと思われます。そのなかで織田信長《おだのぶなが》・豊臣秀吉《とよとみひでよし》・徳川家康《とくがわいえやす》がビッグ3として英雄視されていますが、この戦国の世が、いまの日本人の精神のルーツを築き上げたと思いますよ。

そんななかで、表舞台はこの三人が主導しているのは確かなんですが、じつは女性が裏舞台で、いや表裏一体で政治を動かしたといってても過言ではないのです。歴史は男ばかりを見てしまいますが、女の力がどれだけ大きかったか！

その名は淀君《よどぎみ》または淀殿《よどどの》です。信長の妹、お市《いち》の方《かた》の長女で、幼名茶々《ちゃちゃ》、のちに秀吉の側室となり、秀頼《ひでより》の母となる人です。

茶々（淀君）の略系図

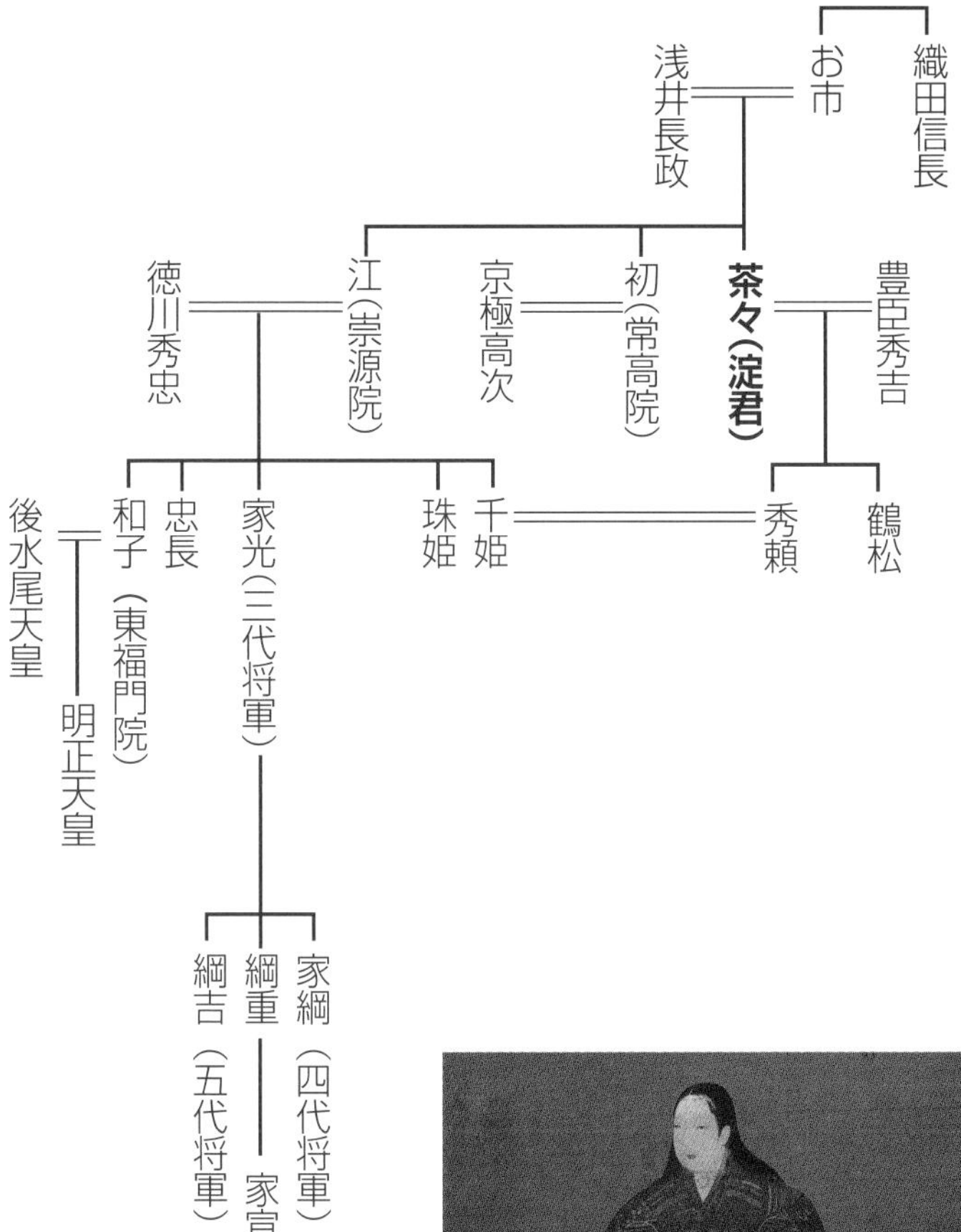

伝淀殿

淀君ゆかりの地・小谷城と北庄城を訪ねて

淀君は、浅井長政《あざいながまさ》の娘として近江国小谷《おだに》に生まれました。父長政が信長に滅ぼされたあと、信長が本能寺で没すると、母お市が柴田勝家《しばたかついえ》と再婚したのをきっかけに北庄《きたのしょう》城に移ります。

ここでは、小谷城の滋賀県長浜市、北庄城の福井市を訪ねてみましょう。

小谷城　滋賀県長浜市の小谷山から南に伸びる尾根を城郭化した山城で、城址には本丸跡や馬洗池などの跡があり、石塁も残っています。ＪＲ河毛駅徒歩 30 分、タクシーで５分。

浅井長政とお市　小谷城３代当主、浅井長政と妻お市の像。信長の妹お市は、長政に嫁いだものの、長政は信長に攻められ自刃した。

越前北庄城趾　柴田勝家の居城趾。勝家は秀吉に攻められて妻お市とともに自刃、落城した。福井市大手に所在。本丸の石垣と堀が残る。JR 福井駅から徒歩１０分。

門の周辺の発掘　1996 年に発掘された遺構。柴田公園整備のための６回の発掘調査で北庄城が確認された。

浅井３姉妹の像　北庄城落城後、市の３人の娘たちは、難を逃れて城を出る。左から、茶々（淀君）、江、初。北の庄公園。

【淀君関連年表】

和暦	西暦	淀君年表	できごと
永禄3	1560		信長、桶狭間に今川義元を襲撃。義元敗死
永禄4	1561		上杉謙信、武田信玄と川中島で戦う
永禄8	1565		将軍足利義輝、暗殺される
永禄10	1567	浅井長政と織田信長の妹、お市の方の長女として生まれる（永禄9年及び12年説も）	
永禄11	1568	2歳	信長、足利義昭を奉じて京都に入る
永禄12	1569	3歳	信長、ルイス・フロイスの京都居住を許す
元亀1	1570	4歳	信長敗走（金ヶ崎崩れ） 信長、家康とともに浅井長政、朝倉景健を姉川に破る
元亀2	1571	5歳	信長、比叡山を焼き討ち
天正1	1573	7歳 父長政、信長に攻められ自害 母市や二人の妹と小谷城から落ちのびる	室町幕府滅亡／小谷城落城
天正2	1574	8歳 岐阜城に転居	越前一向一揆蜂起
天正3	1575	9歳	信長と家康、三河長篠に武田勝頼を破る
天正4	1576	10歳	信長、安土城を築き、ここに移る
天正10	1582	16歳 妹たちと北庄城に移る	天目山の戦い／本能寺の変／山崎の戦い

生没年

- 浅井長政（1545 ～ 1573）
- お市の方（1547 ～ 1583）
- 淀君（1567? ～ 1615）
- 初（常高院）（1570 ～ 1633）
- 江（崇源院）（1573 ～ 1626）
- 豊臣秀吉（1537 ～ 1598）

天正11	1583	17歳	勝家、母市が自害	秀吉、賤ヶ岳に柴田勝家を破る
天正12	1584	18歳		家康、秀吉の兵を尾張長久手で破る
天正13	1585	19歳		秀吉、関白太政大臣となる（豊臣の姓を賜る）
天正15	1587	21歳		聚楽第ほぼ完成し、秀吉、大坂より移る
天正16	1588	22歳	この頃秀吉の側室となる	秀吉、刀狩り令・海賊禁止令発布
天正17	1589	23歳	鶴丸誕生、山城淀城を賜る	
天正19	1591	25歳	豊臣鶴松病死	
文禄1	1592	26歳		朝鮮出兵（文禄の役）
文禄2	1593	27歳	豊臣秀頼誕生	
文禄3	1594	28歳		秀吉、秀次と大和吉野に花見
慶長1	1596	30歳		慶長伏見大地震
慶長2	1597	31歳		朝鮮出兵（慶長の役）
慶長3	1598	32歳		秀吉死去／日本軍の朝鮮からの撤兵ほぼ完了
慶長5	1600	34歳		関ヶ原の戦いで秀頼の西軍が敗戦
慶長8	1603	37歳	秀忠の娘で姪の千姫を秀頼の妻に迎える	徳川家康、征夷大将軍となる
慶長19	1614	48歳		大坂冬の陣
元和1	1615	49歳	秀頼とともに自害	大坂夏の陣

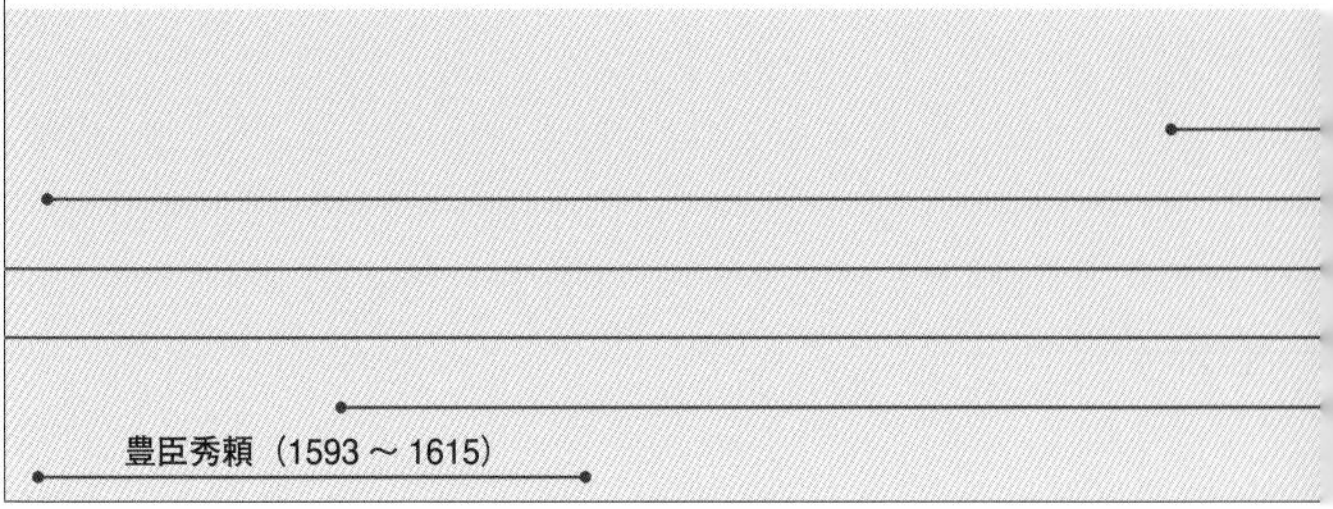

信長とお市の方

織田信長の台頭

私は、淀君《よどぎみ》の誕生から戦国時代がはじまり淀君の死によって戦国時代が終結したんではないか！　なんて思うんですが、そう考えると、よけいに興味がわいてくるんですよ。

淀君を「戦国稀有《けう》の悪女」として歴史は登場させる場合がありますが、果たしてそうでしょうか？

伝淀君（1569～1615）　幼名茶々。秀吉の側室、鶴松・秀頼の母。

これは石田三成《いしだみつなり》にしてもそう。江戸時代の徳川に敵対した人物を悪にしてしまうのは当然で、淀君もそう評価されたと思いますよ。それでその流れで、絶世の美女、お市《いち》の方《かた》の娘だから美女だとして語られていますが、じつはその逆だったんではなかったかとも言われていますね。

まあこれ余談でしたが…。彼女の激動の人生、ゆっくりお付き合いください。

織田信長が群雄割拠《ぐんゆうかっきょ》の戦国の世でいち早く頭角をあらわしたと

織田信長（1534～82）　織田信秀の嫡男。足利義昭を立てて室町幕府を再興した。

日本史の教科書に載ったのは、永禄三年（一五六〇）五月の桶狭《おけはざ》間《ま》の戦いで、東海一の弓取りといわれた今川義元《いまがわよしもと》の首を討ち取った。奇襲大成功!!

小よく大を制す、いかにも日本人好みのこの戦い、大金星ですね。

御存じ織田信長、ただ桶狭間の戦いといわれていますが『信長公記』によれば、本当は田楽狭間《でんがくはざま》が正しいそうですね。私としては知ってることはすべてお伝えしたいという見栄があるので、お許し下さい！

信長は、海運の地の利で商業の盛んな尾張の小大名のひとりでした。織田一族の内紛にも手を焼いているころでした。そして隣国、「美濃《みの》のマムシ」こと斎藤道三《さいとうどうさん》の娘帰蝶《きちょう》（濃姫《のうひめ》）を正室に迎えます。

斎藤道三といえば、当時の下克上《げこくじょう》の代名詞のような武将でしたが、息子の義龍《よしたつ》に殺されてしまいます。

信長は、義龍に「親父殺し」のレッテルを貼り、これを機に娘婿信長は難攻不落稲葉山城《いなばやまじょう》を攻略します。

信長は「引っ越し魔」

信長って、あの戦国時代にあって引っ越し魔だったんですよ。いまだったら引っ越し業者は儲《もう》かった

岐阜城　稲葉山城とも。岐阜市金華山の山頂に位置し、難攻不落の城として知られる。。信長の前の城主は斎藤道三。濃尾平野が一望できる。

しょう！

まず清州城《きよすじょう》。この城、東海道新幹線名古屋駅から京都に向かう途中、右側に見ることできます。安土城《あづちじょう》を元に築城しただろうという華美な天守閣を見せてくれています。ただ、こんなことはよくありまして、静岡の掛川城《かけがわじょう》、この元の城主が山内一豊《やまうちかずとよ》。土佐二〇万石の高知城をモデルにしたといわれています。

つぎの信長の城が、小牧山城《こまきやまじょう》。ここはそのころから立派な石垣で築城されていて、のちに秀吉と家康で生涯一回だけの戦いの主戦場となり、未だに勝者が決まっていない歴史があります。

そして大躍進となりますのが稲葉山城、中国は陝西省《せんせい》にあって山頂が二つに分かれている山「岐山《きざん》」から名を取って岐阜城と名づけます。

この城、金華山《きんかざん》山頂三二九メートルの高さに、いまはコンクリートづくりで再建された三重四階の天守閣がそびえて建ち、ロープウェイで山頂まで足を延ばせるようですが、私も近くでこの平野の中にポツンと存在する岐阜城、首が折れるかなと思えるぐらいの角度で見ましたけど、このとき水の補給はどうしたんでしょう！

いまだったら、ロープウェイでミネラルウォーターを何箱か運べばいいだけの話ですが…。

また大工さんは過酷な労働だったろうな！　なんて想像しましたけど、この岐阜城で信長は「天下布武《てんかふぶ》」（日本統一）を目指したとされていますが、じつはそうではなくて、この「天下」とは畿内のことだとか言われていますね。しかし、この城を拠点に京へ上洛したことは事実ですよ。

安土城——そびえる天守

応仁《おうにん》の乱《らん》から守護大名《しゅごだいみょう》が戦い、戦国大名へと変貌します。

守護大名の匂いのある武将たち、武田信玄《たけだしんげん》・今川義元《いまがわよしもと》・朝倉義景《あさくらよしかげ》らは本拠地が館《たち》もしくは館形式でしたが、信長の時代になると天守が権威の象徴として、また堅固な守りが重要視されはじめます。それが安土城へとステップを上げていくわけです。

安土城こそが現在日本各地に点在するお城の礎《いしずえ》となっています。この築城監督が丹羽長秀《にわながひで》でした。

安土に行ってみると、大きな石段があり、昇りきったところが平地となっています。そこでは楽市楽《らくいちらく》

戦国探検隊 レポート①

城、城、城

戦国時代には、それまでの館と違って高層建造物、天守閣が誕生しています。世界文化遺産、姫路城！　美しすぎますねっ。新装なって真っ白です。

また、いま、世界遺産認定への松本市全面協力の松本城！　条例で周辺には高層建物が規制されて、この華麗なる城の容貌を見せてくれています。何度か足を運びましたが、町の中にあり、市民の憩いの場所となっていますね。黒色に輝く天守閣にバックはアルプスの白い雪……。この黒と白のコントラスト、人気のお城です。

現在、お城ブームに乗り、天守閣や櫓《やぐら》などの復元が各地でされていますが、私は思うのですが、莫大な予算がかかるわけですよ。経済力があればいいでしょうが、バーチャルシステムを利用したら……と思うのですよ。入口でスマホのQRコードを使ったりして自分だけのオリジナルの天守閣、お城をイマジネーションして楽しむなんてどうですか？

それをＹｏｕＴｕｂｅにあげたりして、コンクールをしたりしてやればリーズナブルで楽しめませんかね？　知らんけど。（笑）

姫路城　白鷺城とも。江戸時代初期に建てられた天守や櫓などの主要建築物が現存し、国宝に指定されている。

松本城　天守の築造は1593～4年で、現存する五重六階の天守としては日本最古。彦根城などとともに国宝に指定されている。

座《ざ》も開かれ、長崎から江戸にむかって朝鮮通信使も通ったようです。

安土城考古博物館に立ち寄ってみるのもよいでしょう。安土城に使われた金箔瓦《きんぱくがわら》などが展示されています。滋賀県が二〇二六年の安土城築城四五〇年祭に向けた目玉として、二〇一九年四月に、「幻の安土城復元プロジェクト」を立ち上げました。

安土城天守につづく石段　安土城は織田信長の居城で、1576年から約3年の歳月をかけて完成した。わが国初の本格的な天主が建築された。

金箔瓦　安土城は、史料に「屋根瓦も赤・青・金箔」とあり、豪華絢爛な桃山文化を代表する建築物であった。

淀君、誕生

さて、話は戻しますが、岐阜城から、信長が足利義昭《あしかがよしあき》のちの足利一五代将軍の要請を受けて上洛するのに、障壁となる近江《おうみ》の国の二大勢力がありました。南近江は守護京極《きょうごく》氏の流れを汲む六角義賢《ろっかくよしかた》の観《かん》音寺城《のんじじょう》（近江八幡市）、北近江には浅井長政《あざいながまさ》の小谷城《おだにじょう》（長浜市）。

そこで信長は、美女の誉れ高い妹お市《いち》の方《かた》を浅井長政と政略結婚させます。ここで反信長の六角義賢を織田・浅井連合で攻撃して上洛への道を開きます。

観音寺城　周辺には琵琶湖や東山道などの主要街道があり、それらを管制できる要衝に位置する。天文年間には楽市が行われていた。近江八幡市

信長が長政を弟のようにかわいがったという話が残っていますが、信長にとって長政は頼もしい存在に映ったのでしょう。

で、このお市の方と浅井長政は、とても仲睦まじく小谷城で暮らしていたんでしょう。長男万福丸《まんぷくまる》、長女茶々《ちゃちゃ》、次女初《はつ》、三女が江《ごう》と子宝に恵まれます。

ところが浅井家はずっと内紛がくすぶっ

ていたのでした。代々、浅井家は隣国の越前の名門朝倉《あさくら》氏と盟友関係で、浅井家は、親朝倉派と親織田派に分裂していたのでした。もちろん長政は信長派でしたが、父の久政《ひさまさ》は隠居の身といえども権力をもちつづけ、この人が朝倉派だったのです。

これが平穏な日々を送っていた茶々（のちの淀君）たちの人生に翳《かげ》りを見せはじめるのでした。

そんなことは知らない信長は、永禄一三年（元亀元、一五七〇）、越前の名門朝倉義景を討つべく三万の大軍で進攻します。もちろん後方支援として全幅の信頼を寄せる浅井長政をすえて出陣します。

ところが、朝倉と浅井の密約が行使されて、北と南から挟み撃ちにあう信長軍、壊滅の危機に陥るんですが、若き明智光秀《あけちみつひで》や羽柴秀吉《はしばひでよし》がしんがりをつとめて防戦し、これによって信長は京へ逃げのびます。

これを、のちに「金ケ崎の退き口《かねがさきのくち》」（金ヶ崎崩れ）といいます。絶体絶命、大ピンチだったんです。

命からがらとはこのことで、信長は怒り心頭。兄の性格を良く知っているお市の方、これからの運命を悟って、子どもたちの将来を探ったことでしょう。これからはお市の方の女の戦いがはじまったといっていいでしょう。

長浜市には、小谷城戦国歴史資料館があります。ここには、「浅井氏三代」にスポットを当て、浅井長政・お市の方や浅井久政らゆかりの人物の肖像画を展示するとともに、小谷城跡から出土した遺物、城内での生活や小谷城攻防戦のはげしさをうかがい知ることができる第1展示室、小谷城址保勝会《ほしょうかい》所蔵の絵図や小谷城の詳細な構造を知ることができる曲輪《くるわ》復元イラストを展示してた第2展示室などがありますので、ぜひ立ち寄ってほしいものです。

小谷城の落城

いっぽう復讐の鬼と化した信長は、姉川の合戦で、同盟者の徳川家康と朝倉・浅井連合軍を撃破して追いつめます。現在復興が進み、かつての繁栄が少しずつ再現されている一乗谷の館ですが、すぐさま朝倉の越前の一乗谷へ兵を進め、信長は三日三晩焼きつくしたといわれています。

つづいては天正元年（一五七三）八月、大軍で小谷城を取り囲みます。いくら堅い守りを誇る小谷城でも、援軍が望めないとなっては風前の灯。このとき兄であり伯父でもある信長が、亭主であり父親である長政を殺しに来ている、お市の方や茶々はどんな心境でいたのでしょう。ただ、信長は最後まで長政の助命を望んでいたという話は残っています。

降伏をすすめられても拒否した浅井長政の腹は決まっていたのでしょう。信長からすれば裏切り者と思ったでしょうが、同盟を結ぶ越前朝倉攻略は事前にお知らせいただきたいとの約束を反故《ほご》にした信長さん、あんたに罪があると主張したいでしょうが。

もし、この長政が生きていたら、光秀・秀吉が頭角を表わすのは遅れていたでしょうね。これをみる

一乗谷朝倉氏遺跡の復元ジオラマ　多くの民家が整然と並んだ戦国時代の城下町のようす。豊かな暮らしぶりがうかがえる。福井県立一乗谷朝倉氏遺跡博物館

一乗谷朝倉氏遺跡全景　福井市街の東南約 10km にあり、朝倉氏の城下町の跡が、良い状態で発見された。朝倉義景が住んだ館も発掘されている。

と信長の家康に対する冷たさとは対称的だと思うのですが。長政はいまさら命乞いをするつもりはサラサラなかったでしょう。

でも、私は、信長は女性の命は救えると思っていたと思いますよ。ただ男はダメだろうと。あの平《たいらの》清盛《きよもり》は源頼朝《みなもとよりとも》や義経《よしつね》の命を奪わなかったため平家は滅亡したのですから。そんな先例がありますから、長男万福丸をすぐ逃がしますが、関ケ原で捕えられ秀吉によって処刑されてしまう。

このことを茶々は忘れていなくて、少なくとも伯父の信長より秀吉を恨むことになりますが…。

小谷城落城、幸せだった浅井家、血で血を洗う戦いになり地獄絵図だったでしょう。

女の戦い

信長の後継者問題

このとき浅井三姉妹は、火に包まれた小谷城をどんな思いで見ていたのでしょうか！

おそらく浅井長政は、お市の方や娘たちの命は安泰だろうと読んでいたと思いますよ。救出される四人の女性たち、そして長政は自刃《じじん》。三九歳でした。

お市の方と三姉妹は、信長の嫡男信忠《のぶただ》が城主となっていた岐阜城に住むことになります。岐阜城は稲《いな》葉山《ばやま》（金華山）にあった城（もとは稲葉山城）です。織田信長が永禄一〇年（一五六七）の稲葉山城の戦いにより斎藤龍興《さいとうたつおき》から奪取し、本拠地を小牧山から当城へと移し、あらたに造営したのが岐阜城です。

ここからお市の方と三姉妹の本当の女の戦いがはじまったと思うんですよ。男は命を抹殺する。女は命を誕生させる。浅井家の血を残すことで戦国の世に参戦したんだと思います。結局その後、浅井家の血は天皇家・将軍家・外様大名とつながっていったのですから、長政は天国で喜んでいたでしょうね。

さて、三姉妹にとって、伯父信長はどんなふうに映っていたのでしょうか！　あのやさしき父を殺した伯父を許せたんでしょうかね。

母親の兄貴ですよ。お市の方も複雑だったでしょう、娘たちにどんな言葉をかけたんでしょうか！

この母子は、信長の弟信包《のぶかね》が保護したとか！　諸説ありますが、まあ居候の身となります。

そして天正一〇年（一五八二）、本能寺《ほんのうじ》で信長が明智光秀に暗殺されることとなります。弔《とむら》い合戦は京の南山崎《やまざき》で、四万の大軍の秀吉軍が一万五千の明智軍を撃破します。

このとき陣取った山が天王山といって、後世、大事な勝負の分かれ目などにこの「天王山」という言葉がよく使われるようになります。「天王山の戦い」別名「山崎の戦い」は、「本能寺の変」を受け、備《びっ》中《ちゅう》高松城から引き返してきた羽柴秀吉の軍勢と明智光秀の軍勢が激突した戦いです。摂津国《せっつのくに》と山城国《やましろくに》の境に位置する山崎の地、現在の京都府乙訓《おとくに》郡大山崎町付近です。

そして、また茶々の人生が男たちによって左右されてしまうのです。

これから信長の後継者問題が浮上してきます。あの有名な清洲《きよす》会議、映画にもなりましたが、あの三《み》谷幸喜《たにこうき》さんの作品でしたね。

秀吉は、光秀を討ち、また丹羽《にわ》長秀《ながひで》・池田《いけだ》恒興《つねおき》を味方にして宿敵柴田《しばた》勝家《かついえ》を封じ込め、まんまと織田家を乗っ取ってしまうのですよ。

これは一種のクーデターと、私は思ってるんですがね。

秀吉は、信長の孫の三法師《さんぼうし》がまだ幼きゆえ、後見人として主権を握るという作戦を立てます。この三

柴田勝家とお市（喜多川歌麿筆）　江戸中期の錦絵に描かれた柴田勝家とお市。お市は「小谷の方」として描かれている。

法師はのちの織田《おだ》秀信《ひでのぶ》、関ケ原の戦いのとき岐阜城にいて西軍に味方しますがあっさり敗走してしまう男です。

この清洲会議で諸将の承諾を得て、お市の方は柴田勝家と結婚しているんですよね。これには信長の三男信孝《のぶたか》が動いたとか、秀吉が勝家への懐柔策として話を進めたとか、諸説がありますが、以前から惚れていた勝家には本望だったのかもしれません。

また秀吉も同様な思いがあったと私は感じるんですが。いっぽうお市の方は憎き秀吉への宣戦布告だったのでしょう。もちろん長女茶々と共同してですよ。

勝家・お市連合は、織田信孝・滝川一益《たきかわかずます》を誘って秀吉との戦いに臨みます。

お市はクレオパトラに匹敵する美人といってもいいのかなと思いますが、勝家と組んで再婚相手とし最後の戦いを仕掛けたんでしょうね。兄信長の築いたものを乗っ取り、亭主と長男を殺した秀吉への憎悪は相当なものだったでしょう、と私は思うんですが…。

北庄城落城

秀吉は当然、勝家からの攻撃は予想していましたから、手は万全に打っていました。あの加藤清正《かとうきよまさ》・福島正則《ふくしままさのり》らが活躍する賤ヶ岳の戦いで大勝利を収め、勝家の居城、北庄城《きたのしょうじょう》のある越前へ進軍します。

この城で束《つか》の間《ま》の幸せを感じていた茶々たち。勝家はお市の方、三姉妹をかわいがっていたといいます。荒々しい武将に見えていいましたが、心やさしき男だったのです。とくに女性には…。

北庄城は、現在の福井市にあって天守は七層構造、安土城に匹敵する巨城だったといわれ、そのあと、家康が秀吉に養子に出した結城秀康《ゆうきひでやす》が北庄城の跡に福井城を建築されたので、柴田勝家の遺構を見ることはできないそうです。福井城が「結城北庄城」と呼ばれ、それ以前に存在した北庄城を「柴田北庄城」と呼んでいます。その城跡が福井城本丸跡から約一キロ南にあることを知り、訪ねてみました。

JR福井駅から徒歩五分、意外と簡単に「柴田神社」と記された鳥居前に到着します。鳥居をくぐって先に進むと、小さな赤い鳥居の横にお市の銅像が

復元された北庄城　柴田神社に展示されている復元模型。

お市像　柴田神社に建つ。何を見つめているのか。

柴田神社　柴田勝家を主祭神とし、妻の市を配祀する。北庄城の本丸跡地と伝えられる。福井市

立っています。

秀吉に包囲される北庄城。茶々はふたたび小谷城の悪夢をみることになります。ドラマをみるようだったでしょう。ただ違っていたのは、母お市の方は亭主とともに死を受け入れたことでした。このことは、母の存在が消えることでもあります。お市の方は柴田勝家にも愛され、勝家の説得も受け入れず、ともに北庄城で命を断ちますが、三姉妹の命だけは助けてくれるように頼み、別れを、永遠の別れを告げます。

憎き秀吉の保護を受けるより、勝家の愛に包まれて天国へ旅立ったのでしょう。死をもって秀吉へ復讐したものと、私は思いますがね。秀吉のお市の方への愛を消すためともいえると思いますよ。そしてまたしても、三姉妹は落城する北庄城を見ながら、秀吉の手によって救出されるんですよ。

お市の方は、もはやこれまで戦い切った、あとは娘たちに浅井家の血を残すように念じながら生き延びるよう、諭《さと》したことでしょう。

茶々は、第一の父長政、第二の父勝家を殺した秀吉のところに、身を寄せることになります。三姉妹、とくに茶々が心を閉ざしたのは想像できますね。

秀吉は秀吉で、お市の方も助け出し側室にするつもりだったんではないか！　そう思っていたと私は推測いたしますが、これを察知したお市の方は、御身が汚されるなら自刃して果てようとした、これが本心ではなかったんじゃないでしょうか！

落城の女

秀吉という男はとっても女好きで、とりわけ美人と高貴な身分の女性が好みでしたから、あの徳川家康とは真逆でしたね。そのため家康は子宝に恵まれ、これによって徳川三百年が築かれたんです。

この天下人秀吉と家康の違いはただひとつ、女性の好みだったともいえますよ。これが短命政権と長命政権に分かれた、つまり女性が左右したと断言しますよ、いや本当に。

お市の方が亡くなったいま、秀吉の毒牙はこの三姉妹、とくに茶々に向けられたと思います。それほど美人ではなかったという説もありますが、家柄の良さ、また気の強さからくるかわいらしさを合わせ持っていたのか……。

常高院（1570～1633）浅井３姉妹の次女初。若狭小浜藩の藩主京極高次の正室。墓所は小浜市の常高寺。

しかし茶々は、知ってか知らずか、秀吉に対して決して心を許すことはありませんでした。

顔を見るのもイヤ、まして信長から、「猿」とか「禿《はげ》ねずみ」とかさげすまれた男ですよ。徹底的に距離を置きたい男なんですよ。しかし秀吉の魔の手は、まず次女の初《はつ》、三女の江《ごう》を長女茶々より早く嫁入りさせるんですよ。秀吉に背を向けた茶々を孤立させていくのですよ。真綿で首をしめつけるように、じっくりじっくり秀吉は茶々を手なづけていきます。

浅井三姉妹は、城とともに育てられてきたのです。小谷城・北庄城そして天守閣が焼失した安土城にもいたことがあり、江戸時代、大奥の女ってありましたが、三姉妹は落城の女、これを演歌歌手笹みどりさんに唄ってほしいですね（笑）。

男なら城ともども消えるってありますが、場合によっては逃げのびる手段もありましたね。しかし、落城という不幸は、男より女のほうが受け入れることができるのかも、と思いますね。生きることが女の勝負なんてのがあるんでしょうか！　女性の皆さん、いかがですか！

戦国探検隊 レポート②

四度の落城を経験、お初常高院

お初《はつ》は浅井三姉妹の次女で、姉が豊臣秀頼を産んだ淀君、妹は徳川家光を産んだお江《ごう》。女性として歴史の真ん中、中枢にいたといっていいですが、常高院《じょうこういん》、この人ギネスをもっていますね。

日本史上四回の落城経験者なのですよ。一回目が近江小谷城《おだにじょう》、二回目が越前北庄城、三回目が近江大津城、最後が大坂城。しかし三姉妹のなかでいちばん幸せだったかもしれません。のちに若狭小浜藩主京極高次《きょうごくたかつぐ》の正室となります。

大坂冬の陣には、大坂方と徳川方の仲裁に入る重要人物です。大坂夏の陣、豊臣家が滅亡すると、秀頼の娘、のちの天秀尼《てんしゅうに》の助命を嘆願したともいわれ、その後お江とも江戸で再会し、六四年の人生を全うします。

ただ亭主京極高次が侍女を懐妊させたときには嫉妬《しっと》に狂ったとか！ その子が二代藩主忠高《ただたか》です。「蛍大名」といわれ実妹のおかげで出世した夫の京極高次とともに、お初も激動の人生を経験したひとりでした。

正室ねね

秀吉には、木下藤吉郎といった下っ端時代に結ばれたねねという正室がいました。のちに「北政所《きたのまんどころ》」と呼ばれた人で、若いころから二人して苦労を重ねた女房です。一般的には「ねね」とされるが、夫の秀吉や高台院《こうだいいん》の署名などに「おね」「祢《ね》」「寧《ねい》」という表記があるため、「おね」と呼ばれることも多い。ねねは、木下家定《きのしたいえさだ》の実妹で、当時珍しい恋愛結婚と言われています。身分の低かった秀吉にとって高嶺《たかね》の花《はな》だったようです。子どもがいなかった二人は、親類の子を面倒みてました。あの関ヶ原の合戦のとき「日和見《ひよりみ》」といわれた小早川秀秋《こばやかわひであき》、幼名金吾は、兄家定の子で、ねねにとっては甥《おい》にあたります。

福島正則・加藤清正・黒田長政らを幼きころより世話をしていました。また姑のなかとの仲はあまりよくなかったなんて話が残っていますが、しかし良妻賢母のしっかり者だったようです。ただ、浮気者の秀吉のことは仕方がないと納得していたようです。

若いころ苦労をかけた女房がいるのに、男は出世していくとほかの女性に目が行くのは常でして、落語界もそうですよ。内助の功を忘れて、なんてこと噂では聞いたことがありますが…。（笑）

高台院（1549?～1624） 豊臣秀吉の正室。北政所、ねね。高台寺を建立。

三姉妹の嫁ぎ先

いっぽう三姉妹のなかでも長女茶々は、妹たちを守りつつも時には母親代わりをしながら支えあっていたのに、自分たちの運命は秀吉の気持ちひとつで決められていくのです。秀吉の手の中で転がされていくのですよ。まして殺したいほど憎い男なんですよ、秀吉は。

私は、はじめから長女茶々をターゲットにして自分のものにしようとしたと思います。

まず三女江《ごう》を尾張は知多《ちた》の佐治《さじ》水軍を率いていた佐治一成《さじかずなり》へ嫁がせます。幸せな日々がつづいていたようですが、佐治一成の失態で離縁となります。そのあと秀吉の甥にあたる豊臣秀勝《とよとみひでかつ》に嫁ぎますが、秀勝は朝鮮出兵で病死。

再々婚相手が徳川秀忠、のちの徳川二代将軍ですよ。結局浅井長政、お市の方が望んだ浅井家の血は三女の江が叶えてくれることになります。なんとそれが将軍家（三代将軍家光）、天皇家（明正天皇）、外様大名（加賀前田など）と広がるんですから、お江、快挙でした。

そして二女お初、この人は京極高次の正室となってのちに常高院となり、いちばんの長寿を全うします。

徳川秀忠（1579～1632）江戸幕府２代将軍。武家諸法度などの施策を実施。

豊臣秀吉（1537～98）　近世封建社会の基礎を築いた。

茶々の計算？

しかし憎き秀吉、世界で一番嫌いな男が目の前にいる。母親、お市の方同様、こんな男の手にかかるなんて自分の体を汚すようなもの。しかし相手は天下人、逆らえないのですよ。苦しんだでしょう。でも反面、勝てば官軍、この権力者ということも認識はしていたわけで、ここなんですよ。

秀吉は自分に惚れている、「YES」と言えば、母お市の方が命をかけて浅井家の血を繁栄させようと望んだし、それがいま可能だということ。ただ身内を殺し姉妹を引き離した男だということ……。

でもでも、跡継ぎを産めばどうせ年老いたこの男なんだし、ここに茶々の葛藤が渦巻いたのは当然、茶々の計算はあったでしょう。

それと最近私が思うのは、ある意味人たらしに長《た》けている秀吉、茶々にも無邪気なところを見せて気を引いていたのかも。淀君は女天下を狙っていたのでしょう。

そのころ秀吉の人生最高潮で、一五代足利将軍義昭の養子になることを望んで却下されたため、武士のトップの道を断念。でも公家のトップとして関白になり、正親町《おおぎまち》天皇から豊臣の姓を賜り、太政大臣にまで上りつめていたのでした。

地位も名誉もすべて手に入れた秀吉の望みは、この織田家の血を引く茶々に自分の世継ぎを誕生させる一点だったと思うのですよ。

女の戦いは、生き残ること、そして子を産むことが、戦国時代の戦い方ではなかったか！ならば秀吉の寵愛をうけている茶々にしかできない戦いに勝ちにいこうとしたんですよ。まして拒否する選択は死しか残っていなかったのも事実でした。自分の勝利の方程式を確立させる決断をしたわけです。

最後に、茶々は秀吉の側室を選択します。生きるため、生き残るためとはいえ、スゴミを感じさせますね。男って離婚してもいつまでも未練が残りますが、女って決めたらスパッと過去を切りますよね。

これって私の経験から語らしてもらってますが。（笑）

秀吉死す

太閤秀吉

秀吉という男、尾張国、中村の百姓のセガレとして苦難の末天下をとり、この茶々を嫁にしたことで欲を満たしたと思ったら待望の息子鶴松《つるまつ》が誕生、最高潮に達します。

しかし、鶴松は早世してしまいます。こんどは「お拾い」こと秀頼《ひでより》が生まれます。でかした茶々‼てなもんでしょう。茶々は茶々で、女は命を産むのが戦い、この一点で勝利をつかむことに人生をかけます。

そして天正一七年（一五八九）、京の伏見に城を建造します。秀吉はこの茶々のために城をプレゼントしたわけです。女性にお寺とか館はあっても、城のプレゼントは聞いたことがないですよね。茶々を女城主として誕生させている、淀城がそれです。

秀吉時代の淀城は「淀古城」と呼ばれ、木津川・桂川・宇治川が合流し、淀川となって大阪湾に流れる合流地点に築かれたんです。淀古城は、茶々が鶴松を出産した城で、以降、茶々は「淀の方」と呼ばれることになります。淀古城は秀吉の伏見城（指月伏見城）の築城で廃城となりました。これより茶々は、淀君・淀殿と呼ばれるようになります。ですから淀君で統一させてもらいます。

そして天下の名城、大坂城が完成します。

年取ってからの子どもはかわいいと申します。ところが第一子鶴松は病にかかり全国から名医を大集合させますが、わずか三歳で亡くなります。

二人にとってかけがえのないわが子の死に、悲しみは計り知れなかったことでしょう。

でも女は強い。淀君はつぎなるチャンスを待っていました。男は弱い。秀吉は権力者の横暴ぶりが目立つようになります。

もう後継者はあきらめ、

『釜山鎮殉節図』 1592年の釜山鎮（プサンジン）戦闘の場面を描く。

関白を甥の豊臣秀次《ひでつぐ》にゆずり、みずからは太閤となるのです。

そして信長の夢でもあった明《ミン》国征服に照準を合わせます。つまり悪名高き朝鮮出兵です。これは鶴松の早世の悲しみを紛らわせるためなんて話がありますが、それだとしたら皆、たまったもんじゃない!!

秀頼誕生

そんななか、淀君は女の戦いをやめない。待望の第二子を誕生させます。秀吉には何十人という側室がいるのに、淀君だけが二人も子宝に恵まれる。ですから本当に秀吉の子かと疑う輩がいるのも事実ですが。ジャンジャジャーン、とにかく豊臣秀頼が生まれます。

秀吉は欲しいものをすべて手に入れる。でもこれにもあきたらず、秀頼のため、より朝鮮出兵に力を入れたといいます。つまり日本の領土拡大は無理、徳川家康二五〇万石に対抗するため、子飼いの加藤清正・福島正則または石田三成らに朝鮮の領地を所有させて秀頼を守れ！　なんて考えがあったといわれています。

二人にとって秀頼の存在は大きな幸せでしたが、日本人、あるいは朝鮮半島や明国の人たちに大きな不幸をもたらしたのも、現実でした。

いまだに朝鮮半島の人たちのなかには秀吉を憎む人はいます。日韓関係にいまも残る汚点ともなって

『醍醐花見図屛風』（六曲屛風）　1598 年 4 月 20 日、豊臣秀吉がその最晩年に京都の醍醐寺三宝院裏の山麓において催した花見の宴を描く。

いますね。

また身内では、秀頼によって邪魔となった関白豊臣秀次を高野山へ追放して一族を皆殺しにしているんです。そのころの秀吉は権力者のわがままか、もしくは耄碌《もうろく》していたと思いますよ。

しかし秀吉と淀君の幸福感が絶頂だったことは間違いなかったのです。

秀吉は京の醍醐寺《だいごじ》で大規模な花見を催しています。もちろん淀君と秀頼に見せるためでした。

二〇〇万坪におよぶ広大な境内地にそびえる国宝五重塔は、一〇〇〇年以上の時の流れを語り伝えています。この地には大和・宇治・近江を経て遠く北陸に到る幹線道路がありました。

醍醐寺は、平安時代末には、白河《しらかわ》上皇や源氏の帰依のもとに多くの堂宇が建立されました。鎌倉時代になる

三宝院庭園　秀吉みずからが設計・指示をしたという庭園。作庭には当時の一流の庭師が参画し、石組みの名手・賢庭も名を連ねたという。京都市

と真言宗の根本道場としてその権威を高め、同時に多くの密教芸術を生み出しました。

南北朝時代には足利尊氏の帰依を一身に集め、その後、秀吉の帰依のもと「醍醐の花見」をもって一山は栄華を誇ったのです。

なかでも、豊臣秀吉が設計した三宝院《さんぼういん》庭園はモミジと見事に調和した美しさで、訪れる人びとの目を楽しませてくれます。秀吉は「醍醐の花見」のあと、秋の「醍醐のモミジ狩り」を楽しみにしていましたが、その年の夏に六二歳の生涯を閉じました。醍醐寺の紅葉は、秀吉が後世の人びとに残した形見かもしれません。

醍醐寺は、木の文化・紙の文化の伝承の宝庫です。仏像・文書・絵画をはじめとする古代・中世以来の貴重な寺宝は約一五万点。建造物や諸堂に祀られて

いる諸仏・諸尊以外の寺宝のほとんどは、総床面積一一〇〇坪の「霊宝館」に収められており、その一部を順次公開しています。

ＪＲ京都駅から、東海道本線（琵琶湖線）または湖西線で山科駅に、ここで京都市営地下鉄東西線に乗り換え「醍醐駅」下車、徒歩約一〇分で醍醐寺です。

秀吉の死

慶長三年（一五九八）、すべての幸せを甘受していた秀吉にも平等に死が待っていましたね。伏見城において五大老の前田利家・徳川家康らを招き、どうぞ秀頼を頼みますよと頼む。天下人秀吉もこのときは、ただの老人と化していたのでした。それを聞いた家康、「はい、わかりました」なんて納得するわけがない。秀吉だって織田家を乗っ取ったじゃないですか‼

いっぽう淀君は、秀頼という大きな切り札を持っていて、秀吉亡きあとみずからが天下人と考えていたでしょうかね！

しかしここで大坂城には淀君と秀頼が、江戸城にはお江とそして六年後には家光が誕生しているので、浅井長政とお市の方の血筋はつづいているわけで、両雄として君臨しているのは立派です。

淀君は、秀吉の死の悲しみより、浅井家の血を残した喜びをかみしめていたかもしれません。

高台寺　豊臣秀吉の正室・北政所（ねね）が秀吉の菩提を弔うために建立した臨済宗建仁寺派の寺院。北政所所持と伝えられる蒔絵調度を蔵するため「蒔絵の寺」と通称。京都市

これより大坂城本丸には淀君と秀頼、二の丸では家康が政務をとります。

ここで秀吉の正室であったねねこと北政所《きたのまんどころ》は大坂城を退去し、京に移住し秀吉の遺言どおり秀頼と家康の孫千姫《せんひめ》との婚儀が終わると、高台院《こうだいいん》と称して高台寺を建立します。

高台寺は、豊臣秀吉の正室北政所が秀吉の冥福を祈るため建立した寺院です。寺号は北政所の院号である高台院にちなんで名付けられました。秀吉と北政所を祀る霊廟としての性格をもった寺院です。京都市東山区の町家が並ぶ風情ある石畳の道路、通称「ねねの道」にあります。最寄り駅の祇園四条駅からは徒歩で二〇分ほどの距離にあります。

ここで淀君と高台院との女関ケ原がはじまったなんて見方をする人もいるんですよ。子のいない正室

と子のいる側室。関ヶ原で高台院は秀吉恩顧の武将に家康に味方するよう悟したとか。これが東軍の勝利に導いていったとか。本当はどうだったんでしょうか！

ただその行動をみていると、どちらかといえば西軍寄りだったようですよ。家康の時代になって高台院は優遇されたようでしたが……。

戦国探検隊 レポート③

大阪城で大木を描く

大阪のシンボルで、現在の天守は三代目です。織田信長に抗していた石山本願寺の跡地を手に入れた豊臣秀吉は、天正一一年（一五八三）大阪城の建築に着手しました。完成に約一五年を要したと伝わる規模は現在の五倍近い広大なものであったといわれています。

私は小学生のとき、写生会で大阪城へ画板を持って絵具で描きなぐったのが先生にほめられて、なぜならほかの生徒は城そのものを画いたのに、私はその前の大木を大きく画いて大阪城を表現したのが評価されたというんです。

まあ昔から他人とは違ってたんでしょう。で、大阪城は秀吉が築城したのと同じ白と緑の天守と思ってたら、もとは黒色の天守だったと聞いてびっくりしたことがありました。

秀吉の天守は焼失して、その上に土盛りをして徳川秀忠が再建しました。いまの大阪城は昭和六年（一九三一）に日本初の鉄骨鉄筋コンクリートの復元天守として、国の登録有形文化財となっています。
大阪城は、いまも大阪人の誇りとしてその雄姿を見せてくれています。

豊臣秀吉の大坂城
『大坂夏の陣図屛風』（上）と豊臣大坂城天守模型（左）。

現在の大阪城

戦国探検隊　レポート④

豊臣秀頼はだれの子？

非常におもしろいテーマですが、まあ不思議といえば不思議ですよね。あれだけ女好きな秀吉にたくさんの側室がいたのに淀君だけが懐妊、鶴松を生みました。しかし、鶴松は三歳で病死、秀吉が五三歳のときでした。

豊臣鶴松（1589～91）　秀吉の側室、淀殿が生んだ長子。病のため淀城で数え３歳で死去。

人生五〇年といわれた時代ですよ。その後、大坂城で豊臣秀頼が誕生します。相性がよかったのか？　二人の子宝に恵まれるのですよ。

ゴシップ好きな我々は、本当の父親は当時近くにいた人たち、家臣石田三成、側近大野治長、または側にいた祈祷師、若い護衛の武士とか、はたまた徳川家康だという人もいたりして。

豊臣秀頼（1593～1615）多数の寺社に寄進し、伽藍や社殿の再興を図った。

もう理由はわかりませんが、もしかしたら、秀吉自身も我が子にあらずと認めていたのかもしれませんね。
秀吉の正室北政所や加藤清正・福島正則に外様の伊達政宗・上杉景勝なども疑念をもっていたかも！！

関ヶ原の戦い、その後

三成・清正の死

慶長五年（一六〇〇）の関ヶ原の戦いのあと、徳川家康が実権を握ります。頼りにしていた石田《いしだ》三成《みつなり》亡きあと悔しい思いをしていた淀君、大坂城はたったの六五万石の領土に減らされていましたが、あとの祭りでした。

淀君は、なぜあの関ヶ原の闘いで、全面的に石田三成を応援しなかったのか！　豊臣家を思う気持ち一二〇パーセントの男だったのに！　ここから淀君と秀頼の運は落ちていくのでした。

世間知らずの女性だったと思われたことでしょうね。家康からすれば、淀君など赤子の手をひねるようなものだったでしょう。

もう六〇歳を過ぎていた家康は征夷大将軍になり、すぐお江《ごう》の亭主秀忠《ひでただ》にゆずり、人生逆算して大坂城を追い込んでいきます。そのころから淀君は精神的にも弱っていたこともあり、ゆううつな日々がつづいていました。もうそのころには家康への信頼が消えていました。

そんななか、家康は秀頼と対面したいと申し出ます。加藤清正が、命にかえてと二条城での対面を実現させます。

そのとき清正は短刀をしのばせていたとか！　無事になごやかに終わるのですが、清正が肥後熊本城へ帰る船の中で病にかかり、すぐ亡くなります。毒殺との説は消えませんが、また淀君の頼りの男がこの世から去っていったことになります。

家康の時代

時代は家康に流れていきます。元服した秀頼をみた家康は早く始末しないといけないと思ったとか、イヤイヤたいしたことはないと思ったとか。そして大坂の陣へと歴史は進みますね。

このときも孫娘の千姫と秀頼は夫婦だし、江戸城には妹お江がいるから安心と思ったのか、もしくは親子二人してもう覚悟をしていたのかわからないところですが、かつて関ヶ原で真田一族が東西に分かれて兄信之《のぶゆき》は家康に、弟幸村《ゆきむら》が三成について真田家を残したように、淀君は、大坂の淀君と秀頼、江戸のお江と家光、そのどちらかが生き残れば浅井家は継続できると考えてはいなかったか！　なんて私は思うのですが、異説ではありますが……。

そして慶長一九年（一六一四）、大坂冬の陣がやってきます。淀君の大坂城は全国の大名に号令をかけて登城をうながしますが、だれも来やしない。

徳川家康（1543～1616）　没後は東照大権現の神号を贈られ神格化された。

関ヶ原の西軍の生き残りの武将が大坂入りします。あの真田幸村・長宗我部盛親《ちょうそかべもりちか》など猛将たちや浪人たちも大集合。しかし淀君の側近たちは幸村ですらスパイではないかの疑念をもつ、幸村は背水の陣で真田丸で戦うこととなります。

その前に家康側から和睦《わぼく》の話はありました。伊勢か大和郡山に転居するとか、淀君を江戸へ人質として送るとか、すべて淀君は「NO」とつき返します。

二〇万の大軍で大坂城を包囲する家康。このとき大坂方が有利だったのですが、天守閣に巨砲を打ちこまれ数人の女性が亡くなります。このとき淀君の脳裏には、またあの落城の悲劇がよみがえったのかもしれません。また家康がそこをついたのかもしれません。

停戦となり、大事な外堀・内堀まで埋められてしまう大坂城、はだか同然、家康の術中にはまってしまう。このときもなんですよ。

なぜ真田幸村に全指揮権を渡さなかったのかってことですよ。淀君、同じ過ちを犯してしまうのですか！　アホです!!

そして翌元和元年（一六一五）、大坂夏の陣、家康は人生の総仕上げに取りかかります。

母として淀君は秀頼と千姫の仲の良さをよく知っていたと思うし、この平和をみていたでしょう。それがほんの束の間の幸せだとも知っていたのでしょうかね！

もうつぎつぎと有力武将は戦死、頼みの幸村も家康の近くまで進軍して討ち死に、助命という手もありましたが千姫は逃げ、淀君は秀頼とともに大坂城でこの世から消え去ってしまうのですよ。

これにより浅井家の血は江戸城にいるお江に託されることとなります。

淀君の評判は決していいとは思いませんが、果たして悪評の通りなのでしょうか！

井《い》の中の蛙《かわず》だったのかもしれない。しかし天下人秀吉のあとをついで家康と堂々と一五年にわたり戦ったんですよ。持病に悩まされたという話も残っています。

ずっと不安に圧迫されつづけた日々、どれほどの心痛があったか！

壮絶な人生であったことはだれもが認めるところですが、戦国の世は淀君に始まり淀君の死によって終わったなんて言えば、淀君へのせめての供養になりませんかね！

戦国の時代、勇ましくはげしく生きた女だったと、いま、思います。

戦国探検隊 レポート⑤

八丈島に流された宇喜多秀家

若くして豊臣五大老のひとりとなった宇喜多秀家《うきたひでいえ》、備前《びぜん》五七万石の大大名。関ヶ原では西軍の主力として一万五千の大軍で戦場で大活躍しましたが敗北。姿を消してその名がふたたび登場してくるのが、九州は島津領内、垂水《たるみず》の山中で隠れていました。西軍側としての島津も、もしも一戦するときはこの秀家を味方にしようとしていたのでしょうね。

しかし家康は、島津領を安堵《あんど》されたので秀家を引き渡します。慶長一一年（一六〇六）、正室豪姫《ごうひめ》の実家前田家や島津家の助命嘆願で八丈島に流罪《るざい》になります。

私、竹丸は仕事で八丈島とフリージアの旅に行ったとき、大型客船でしたが荒波で接岸できなくて断念したのですから、当時の脱出は困難だったでしょうね。しかし、その前田家は幕末まで一年おきに白米七〇俵、金三五両、衣類、雑貨、薬品など物資を送りつづけてたというから、いい話ですね。

宇喜多秀家と豪姫の像　八丈島の西岸、南原園地の南端にある。1997年、岡山城築城400年を記念して建立された。二人は仲良く岡山城の方面を向いている。

いまは秀家と豪姫の像が仲良く建てられているんです。

明暦元年（一六五五）、八四才で亡くなるまでの五〇年間、この南海の孤島で、息子と家来数人と暮らしたといいます。

日々の生活は困窮していたといいますが、五大老の重圧から解放されて、もしかしたら良かったのか！　いや、あのナポレオンのように脱出して、もうひと勝負を考えていたのか！

竹丸は前者でなかったかと思うのですが、みなさん、どう思いますか？

戦国探検隊 レポート⑥

落語にみる豊臣秀頼生存説

大坂の陣で淀君と秀頼親子は燃えさかる大坂城で自刃したとされていますが、古典落語「真田小僧」には、「うちの真田もさつまに落ちた」なんてオチになっています。江戸時代、真田幸村が秀頼を連れて薩摩に逃げのびたなんて、まことしやかに広がってたんですね！

南九州市には、幸村にちなんで雪丸という地名があり、お墓もありますよ。

真田幸村の墓　南九州市頴娃町の雪丸地区に伝わり、幸村の墓といわれる。

豊臣秀頼は、鹿児島は谷村、今の谷山に住み、妻を持ち子ももうけて四五歳まで生き延びたという話が地元では残っています。これ諸説ありで、大坂城には抜け穴があって島津家が脱出させて島津義弘が作戦を立てたとか！

みなさん、この歴史の真偽について楽しもうじゃありませんか！

桂竹丸の戦国ひとり旅

第二章 島津義弘編

鹿児島のもうひとりの偉人

西郷隆盛が鹿児島の偉人として太陽なら、もうひとりの偉人、ぜったい忘れてはならないのが、戦国時代から江戸時代にかけて戦国最強ともいわれた島津を率いた島津《しまづ》義弘《よしひろ》。地元では「維新公《いしんこう》」といわれ尊敬されています。この人を月に例えたいですね。

西郷隆盛と島津義弘は二大英雄ですよ！　毎年話題のNHKの大河ドラマは、なぜこの島津義弘を主人公にしないのか？　以前決定寸前までいったんだよ、と高名な歴史家の先生の情報がありましたが、どうやら義弘の朝鮮出兵の脚本の難しさから断念したとかしないとか……。

でも、いまこそあの朝鮮出兵の悲しい過去を公にすべきではないか？　曖昧《あいまい》にしているから、韓国は謝罪を無限大に迫ってくるんですよ。

あのひとりの権力者の恐さを公開して、日本の武将たちや朝鮮半島の民の悲しみを訴えるべきじゃないか、と思うんですよ。だからこそ大河ドラマで島津義弘を取り上げて欲しいのですが、いかがでしょうか！

島津義弘の略系図

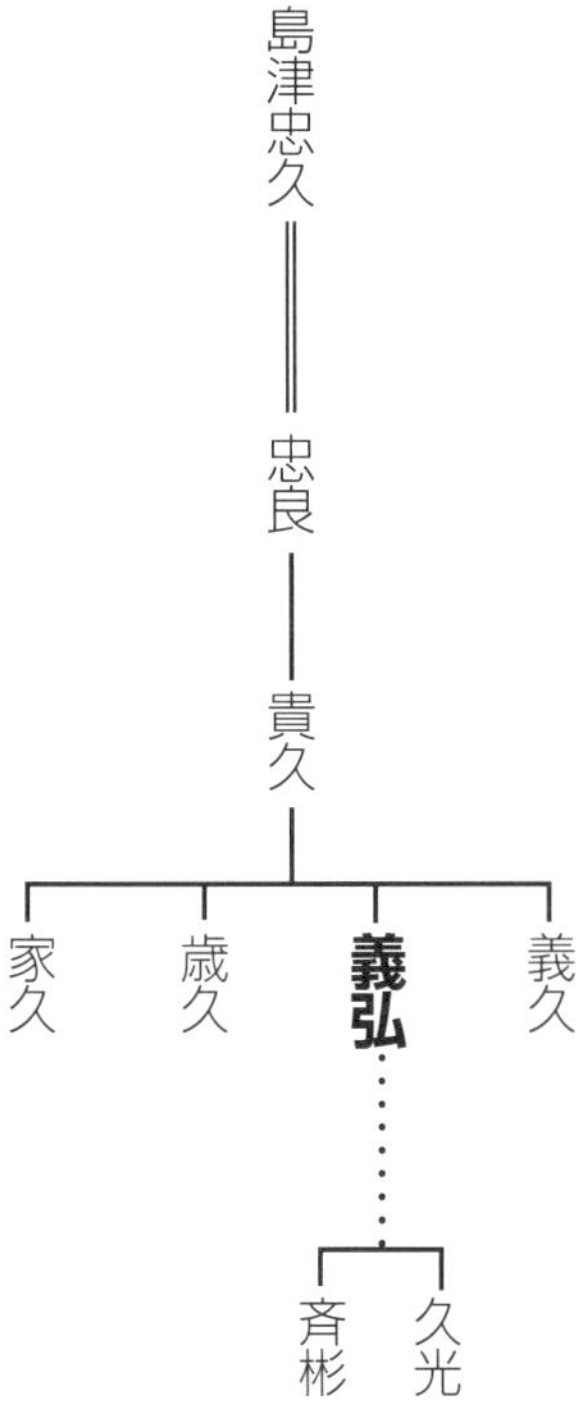

島津義弘

島津義弘（維新公）ゆかりの地を訪ねて

島津四兄弟の次男義弘は、「維新公」とも呼ばれて、戦国時代から江戸時代を駆け抜けました。その義弘は西郷隆盛とならぶ鹿児島の偉人のひとりとして、鹿児島県内のいたるところに史跡が残されています。また、義弘にまつわる行事や祭りなども各地で行われています。

島津義弘像　伊集院駅前に建つ。関ヶ原の戦いにおける敵中突破のイメージか。

妙円寺詣り　鹿児島県日置市で行われる。鎧冑に身を固めた勇壮な武者行列のほか、民俗芸能などが披露される、

鶴嶺神社　鹿児島市吉野町に所在。1869年、島津氏の先祖を祀るために創祀された。

鶴丸城御楼門　鹿児島（鶴丸）城は、初代藩主となる家久が建設に着手した島津氏の居城。居館の正面中央にある「御楼門」は、2020 年に日本最大の城門として復元された。

城山から見た桜島

【島津義弘関連年表】

和暦	西暦	島津義弘年表		できごと
天文4	1535		島津貴久の次男として誕生	
天文12	1543	9歳		鉄砲伝来
天文23	1554	20歳	岩剣城の戦い、初陣を飾る。鉄砲が使われる	
永禄3	1560	26歳	島津忠親の養子となり飫肥城に入る	信長、桶狭間に今川義元を襲撃。義元敗死
永禄5	1562	28歳		
永禄8	1565	31歳		将軍足利義輝、暗殺される
永禄10	1566	32歳		
永禄11	1568			信長、足利義昭を奉じて京都に入る
元亀1	1570	36歳		信長敗走（金ヶ崎崩れ） 信長、家康とともに浅井長政、朝倉景健を姉川に破る
元亀2	1571	37歳		信長、比叡山を焼き討ち
元亀3	1572	38歳	木崎原の戦い　300人の兵で3000人の大軍を破る	
天正6	1578	44歳	耳川の戦い　大友宗麟を破る	
天正10	1582	48歳		天目山の戦い／本能寺の変／山崎の戦い
天正13	1585	51歳		秀吉、関白太政大臣となる（豊臣の姓を賜る）
天正14	1586	52歳	豊後の大友領に侵攻	
天正15	1587	53歳	根白坂の戦い　秀吉に敗北	聚楽第ほぼ完成し、秀吉大坂より移る 秀吉、九州平定／バテレン追放令

生没年

島津貴久（1514～1571）

義久（1533～1611）

家久（義久の弟）（1547～1587）

義弘（1535～1619）

天正16	1588	54歳	上洛	秀吉、刀狩り令、海賊禁止令発布／天正大判鋳造
天正18	1590	56歳		秀吉、小田原征伐／家康、関東に移封。奥州平定
文禄1	1592	58歳	朝鮮へ渡海	朝鮮出兵（文禄の役）
慶長1	1596	62歳		慶長伏見大地震
慶長2	1597	63歳	慶長の役に参戦	朝鮮出兵（慶長の役）
慶長3	1598	64歳	島津軍七千の兵で朝鮮軍三万の敵兵を討ち取る	秀吉死去／日本軍の朝鮮からの撤兵ほぼ完了
慶長5	1600	66歳	西軍として参陣、敵中突破（島津の退き口）	関ヶ原の戦いで秀頼の西軍が敗戦
慶長7	1602	68歳	家康より島津本領安堵、家督を忠恒（家久）に譲渡	
慶長8	1603	69歳	加治木に隠居	徳川家康、征夷大将軍となる
慶長10	1605	71歳		徳川秀忠、第二代将軍になる
慶長14	1609	75歳		島津軍、琉球出兵
慶長19	1614	80歳		大坂冬の陣
元和1	1615	81歳		大坂夏の陣
元和5	1619	85歳	加治木で死去	

忠恒（家久、義弘の三男）（1576〜1638）

「維新公」島津義弘の初陣

鹿児島の偉人、西郷隆盛

鹿児島の偉人といえば、古今東西だれがなんと言っても西郷隆盛でしょう。

私の祖父の家の仏壇の反対側に「敬天愛人」の額《がく》があり、上京すれば上野の山には西郷銅像があり、西郷の名前は子どものころより頭の中にインプットされていました。

尊敬すべき点は、権力の中心にいてもまったくしがみつくことなく無私無欲であったことなんです。これはある意味、鈍感力のなせる技なのかもしれませんね。非常に不器用な人だったと思います。

一つひとつの仕事に命も惜しまないというこの男が、平清盛《たいらのきよもり》からつづいた武家社会を崩壊させたんです。

スゲェー!!　徳川幕府にピリオドを打ったのが破壊者西郷隆盛なら明治政府の基礎を構築したのが大久保利通《おおくぼとしみち》でしょう。西郷さんは幕末にあって幕臣でもないし、まして外様《とざま》大名でもない、一介の薩摩《さつま》の下級武士なのですよ。

それが鳥羽伏見の戦いで将軍徳川慶喜《とくがわよしのぶ》を打ち破り、勝海舟《かつかいしゅう》と江戸城無血開城を決め、江戸の町を守り、

城山の西郷隆盛像の前にて□像は、没後 50 年祭記念として安藤照が 8 年をかけて製作し、1937 年に完成した。陸軍大将の制服姿で、城山を背景に仁王立ちする。像高 5.76m。

東北地方では過激な長州《ちょうしゅう》を押さえソフトな処置にし、明治政府へバトンタッチして自分の役目はここまでと、これ以上表舞台にいる必要なしとして故郷へ帰鹿《きか》してしまう。

これで西郷自身の人生のシナリオは完成したんです。それを明治新政府はこのカリスマ性のある男を中央に呼び戻すのですよ。新政府の難局を西郷に任せ、大久保利通や岩倉具視《いわくらともみ》らは欧州視察に逃げる！　そして西郷は西南戦争へ駒を進めてしまう。

私は、西郷は最初からこの戦争を勝ちにいかなかったと思っています。つまり西郷軍団の集団自決‼　明治政府の邪魔者の一掃だったと思うのです。戦後、西郷軍の生き残りのなかには故郷に帰れず苦難の道を歩んだ人もいました。これは西郷の罪です。しかし、これは明治という近代国家建設に必要だったと許してほしいと思うのですが……。

鎌倉時代からの名門

さて島津義弘を紹介する本は、たいていですが関ケ原の敵中突破から進める場合が多いです。私は天《あま》の邪鬼《じゃく》なので、その生誕から順を追って進めて参りますね。

元々、島津家は鎌倉時代に源頼朝の命を受けて九州の南、薩摩・大隅《おおすみ》・日向《ひゅうが》の守護職として下ります。そのときの島津忠久《ただひさ》（正式な名乗りは惟宗《これむね》忠久）は諸説ありますが頼朝の御落胤《ごらくいん》ともいわれています。

ですからプライドは高かったでしょうね。島津軍はそののちも、豊臣秀吉が二〇万の大軍で攻めてきたときも、「なに、百姓上がりが!」と言って相手にしなかったらしいです。

これは戦国時代、下剋上の代名詞ともいわれ、北条早雲《ほうじょうそううん》、その後の後の後の氏政《うじまさ》、息子の氏直《うじなお》も秀吉を田舎者としてバカにしていましたよ。

九州という土地柄は昔から平家の出の強いところ。そこへ源氏の島津が乗り込んできたものですから、それなりの抵抗もあり、また島津の本家・分家の争いや、戦国時代には如実に分裂していきましたね。

島津義弘、伊作に生まれる

そこにようやく島津家がひとつの流れになっていくきっかけをつくったのが島津忠良《ただよし》、幼名、菊三郎。この人の母親が、常盤といって「南海の真珠」といわれるほどの美姫で、女城主として先頭に立ち戦った女傑でした。薩摩のジャンヌダルクですね(笑)

島津忠良、のちに剃髪して島津日新斎《にっしんさい》と称します。有名なのが「いろは歌」で、いくつか紹介します。

いにしへの道を聞きても唱へても
わが行ひにせずばかひなし

島津忠良（1492 ～ 1568） 島津氏中興の祖。号は日新斎。伊作氏の出身。

島津義弘（1535 ～ 1619） 戦国大名島津義久の弟で、島津氏第 17 代当主。

はかなくも明日の命をたのむかな
今日も今日もと学びをばせで

など、薩摩のさまざまな教育の教材として残っていきました。伊作《いざく》城に生まれた忠良。母常盤は詩歌などに通じ、馬術や小太刀の素養もあり、忠良も身につけていきます。

そしてこの忠良の子が虎寿丸《とらじゅまる》、後の貴久《たかひさ》で、今回の主人公の島津義弘は貴久の次男として伊作城に誕生します。

伊作城は島津氏中興の祖と呼ばれる島津日新斎忠良とその子、貴久の出身である伊作島津氏の居城でした。城の縄張りは南九州特有の独立した曲輪《くるわ》による群郭式《ぐんかくしき》とも呼ばれる構造で、「亀丸城」「山之城」「東之城」「蔵之城」「西之城」などの曲輪がありました。

現在、城址は「憩いの森」という名の公園になっており、本丸にあたる亀丸城跡に城址碑が建てられています。遺構は多くないものの、土塁や空堀を確認することができます。

JR鹿児島本線・鹿児島中央駅から鹿児島交通バスに乗り「東本町」バス停下車、徒歩約二〇分のところにあります。

島津四兄弟

もともと伊作島津は分家（伊作《いざく》家）でしたが、本家（奥州《おうしゅう》家）が危ないということで本家に乗り込むことになり島津家の守護職を譲り受けるのですよ。本家の養子として貴久が跡取りになったのですよ。つまり島津本家の一五代です。ラッキー!!

島津本家の居城清水城で元服。晴れて島津又三郎貴久のデビューとなります。現在、清水城跡には鹿児島市立清水中学校があります。

よく昔から「島津に暗君なし」なんていわれます。たしかに西郷隆盛の育ての親ともいうべき島津斉彬《なりあきら》は名君に間違いありませんでしたが、異母弟の島津久光《ひさみつ》に対して、歴史は評価がきびしいのですよ。これは西郷隆盛を英雄にするためのダーティーヒーロー化なのです。

島津久光は暗君ではありません。この久光がいたからこそ、明治の時代は船出できたんですよ。私は断言します！

さて、薩摩の群雄割拠《ぐんゆうかっきょ》の時代に、島津忠良・貴久親子はつぎつぎに戦に勝ちつづけます。そして島津貴久は四人の子宝に恵まれます。長男義久《よしひさ》、次男義弘、三男歳久《としひさ》、四男は異母弟家久《いえひさ》。これは中国地方の覇者、毛利《もうり》元就《もとなり》の三本の矢以上の四本の矢、つまりここに島津四天王が誕生するんですね。優秀な四兄弟が揃って力を合わせ、後の島津の快進撃を演出していくんですよ。

島津久光（1817～87）　幕末の薩摩藩の「国父」。西郷隆盛とは終生反りが合わなかった。

戦国探検隊 レポート⑦

島津家の宝

島津家は、鹿児島県と宮崎県の一部を領有しましたが、そのなかで昔、肝属の地は大隅といって中央の鹿屋市吾平町には吾平山上陵《あいらさんりょう》があって、神武天皇の御父君と御母君の御陵があるんですよ。

吾平山上陵　鹿児島県鹿屋市吾平町に所在。ウガヤフキアエズの陵に治定されている。

で、大隅半島には古代遺跡がたくさんあるんです。道路工事のとき遺跡のようなものが見えたりするんですね。そうなると工事中断ですよ。するとどうなるか？　想像してみてください。

読者の皆さん、大隅半島は古代遺跡や神話の宝庫。そして自然たっぷり。ぜひ足を運んでくださいな。こんな素晴らしいところは日本中どこを探してもありません！

なぜなら私、桂竹丸の出身地だからです！（笑）

戦いの日々

岩剣城攻め、はじめて鉄砲隊を

天文二三年（一五五四）、まだ一九歳の若武者島津義弘の初陣《ういじん》は薩摩と大隅の国境沿いの岩剣《いわつるぎ》城攻めでした。薩州一の絶景として錦江湾《きんこうわん》を望む要衝に入来院《いりきいん》一族が立てこもっていました。

この戦いは歴史に残ることになります。日本ではじめて鉄砲隊が編成されたことなんです。

元文一二年（一五四三）年八月に鉄砲が種子島に伝わります。領主種子島時尭《ときたか》が二丁の火縄銃を高価で購入します。相手がポルトガル人だと教科書に載っていましたが、事実は倭寇《わこう》の親玉の中国人であったらしく、商売目的で種子島に来航したようです。

すぐさま種子島時尭は、この歴史を変える近代兵器の製造に取りかかり、なんと一年後には完成させてしまうのですよ。

もっとも当時、種子島は砂鉄が取れたし、腕のいい職人がいたようです。これが島津に渡りまた一方で種子島には黒潮文化があり、紀州とのつながりで根来衆《ねごろしゅう》や雑賀衆《さいかしゅう》の鉄砲隊の形成にひと役買うんですよ。これが後に織田信長が手を焼くことになるんですが……。

この岩剣城攻めではじめて鉄砲隊を使ったとして島津の名は歴史に刻まれるんですが、あの信長の鉄砲隊よりずっと前だったことを皆さん知ってくださいね。

もっとも薩摩の地は日本最南端の地でしたが、同時に文化的には最先端の地だったんです。文化の玄関口だったんです。私が子どものとき、鹿児島から来たんですと言うと辺境の地なんて馬鹿にされたことがありましたが、長い日本の歴史のなかで、どれだけ鹿児島の地が進んでいたか！　知るべきですよ。

岩剣城　標高210mの岩剣山頂にあった中世の城。鉄砲がはじめて実戦で使われた。鹿児島県姶良市

世界三大宗教のうち仏教は鑑真《がんじん》が、キリスト教はイエズス会のフランシスコ・ザビエルが鹿児島から上陸し布教しているのですよ、皆さん！　ご存知だったでしょうか？

難攻不落の岩剣城、断崖絶壁が三方に立ちふさがりなかなか落ちない。しかし義弘の一丁の鉄砲で戦況は一変してしまう。応戦する祁答院重経《けどういんしげつね》を討ち取り、岩剣城は落城となり、その後、島津義弘が城主となります。皆さん一九歳の若者が初陣で大活躍をし城主にまでなっちゃう、出世する人はやはり違いますね。義弘さん、あんたは偉い!!

耳川の戦い

島津家にとって、鎌倉時代に与えられた三州、つまり薩摩・大隅・日向の失地回復は、永年の夢でもありました。

しかし、そこには大きな敵が待ち受けていました。日向の伊東義祐《いとうよしすけ》でした。

一大決戦が元亀三年（一五七二）の木崎原《きざきばる》の戦い。味方の戦死者も多々。しかし総力戦で敵三〇〇〇、味方三〇〇で激戦となりますが、伊東軍は壊滅的な敗北となり、伊東家は衰退していきます。

そんななかでも義弘は、両陣営の死者を供養したといいます。その敗走した伊東義祐は豊後の国の太守大友宗麟《そうりん》を頼ります。そのころの大友の勢いは強く、みずからキリシタンだった宗麟は、日本をキリシタン国家にしようとする野望がありました。そのため、神社仏閣をことごとく領内から消し去り、ザビエルを招き、布教を許可し、また海外交易でも富を得ていました。

伊東氏の日向復権を旗印として島津の死守する日向の高城を五万の大軍で包囲します。一方、島津義弘は四〇〇〇の兵を連れ

木崎原古戦場跡　敵・味方双方の戦死者の霊を供養するために島津義弘が建立した六地蔵塔。宮崎県えびの市

耳川　宮崎県中北部を流れ日向灘に注ぐ。島津義久と豊後の大友宗麟との合戦の際、態勢を整えようと撤退をはじめた大友軍に溺死者が多く出たため、「耳川の戦い」と言われる。

て根白坂へ進軍して大友勢と対峙します。

あの織田信長が三〇〇〇の兵で、二万五〇〇〇の今川義元を奇襲し義元を討った桶狭間《おけはざま》の戦いが日本史に残るスリリングな戦いとして記されていますが、島津の戦いはほとんど、少数で大勢との戦いばかりでした。結局油断があった大友軍、敗走！

この島津の勝利は、耳川《みみかわ》の戦いとして名を残しています。

この代償は大きく、大友宗麟は転落してしまうのですよ。ただ息の根を止めなかったことに、島津義弘は嫌な予感がしました。

しかしこれは兄義久の作戦で、従うしかなかったのです。のちに秀吉の九州出兵の引き金になってしまうのですよ。兄義久と弟義弘の間に溝がだんだんできてくるんですね。

沖田畷の戦い

当時九州は三強時代だったんですが、大友が敗れて、もうひとつの雄「肥前の熊」と恐れられた龍造《りゅうぞう》寺《じ》隆信《たかのぶ》が君臨していました。五州二島の太守が島津に味方する有馬晴信を攻めてきます。これ時機到来。龍造寺五万の兵を引き連れて、いわゆる沖田畷《おきたなわて》の戦いです。これまた五〇〇〇にも満たない兵で大軍を打ち破っちゃったんです。お見事です!! これは小兵力士舞の海が小錦に勝ったようなもの。たとえが古いですね！

これには島津得意とする「釣り野伏せ」という戦法で、簡単に説明すれば、退却して敵を引き込んで一網打尽《いちもうだじん》にするんですが、これってチームワークがしっかりしていないと戦場では命取りになりかねないんですよ。でも、これが島津の集団戦法で、子どものころから教育が行き届いているからこそできるのでして、のちに江戸時代の郷中《ごうちゅう》教育へと連なるものなのですよ。

さて、九州三強のひとり、龍造寺隆信の息の根を止めた義久・義弘兄弟でしたが、逃がしてしまった大友宗麟は「天下人」豊臣秀吉に応援を依頼すべく大坂城まで出向きます。そこで関白となっていた秀吉は島津に緩やかな和議を交渉しますが、島津からしたら卑しい身分の出の秀吉などと相手にしません。

格式ある島津家内では主戦論者が勢いがあって、それでも冷静な弟島津歳久は敵《かな》う相手じゃない！と説得しますが、歳久は臆病者と非難される始末で、こういうときって熱くなったほうに勢いがありますもんね。仕方ないですよ。

私から言わせてもらいます。「皆、アホや！」

秀吉はまず四国勢の仙台秀久、長曾我部元親と息子信親らを豊後へ派遣します。ところが混成軍ということもあり、若き長曾我部信親は戦死してしまい、撤退せざるを得なくなります。これにより四国の雄、長曾我部家は凋落していくのです。

沖田畷合戦場跡　1585年、島津義久・有馬晴信軍と龍造寺隆信が戦った古戦場跡。長崎県島原市

すっかり力を失ってしまった大友宗麟は、秀吉の援軍が来るまでなんとか持ちこたえようと必死に対抗します。奥の手の西洋の巨砲を持ち出し、時間稼ぎをします。もうダメだというギリギリのところで、秀吉の二〇万の大軍が九州へ二手に分かれて軍を進めてきます。まず、豊臣秀吉の弟、秀長。秀吉の右腕で頼りになる男、後に秀吉より早く死去してしまいますが、もう少し長生きしていたら、豊臣家は滅亡しなかったかもしれない人材でした。

根白坂の戦い

豊臣秀長一五万の大軍は、豊後《ぶんご》・日向の道、つまりいまの国道一〇号線を南下します。そして秀吉本隊八万の軍勢は肥後《ひご》から薩摩へ、つまり国道三号線を南下します。

やっと島津は秀吉のすごさを知り、心はビビる大木（笑）、遅いよね。これ鹿児島弁では「馬鹿スッタン」といいますが、島津といえども天下人秀吉の前では井《い》の中の蛙《かわず》ですよ。なぜ秀吉の手腕がわからなかったのかな、あー、みっともない!!

このとき、同行していたのが関ヶ原の西軍の大将石田三成で、この情景をしっかり把握していたんでしょう。このことが島津義弘を心底信頼しなかった伏線になっていたと私は思うのですよ。

嫌なもん見られちゃったよ、なんてもんでしょうね。

ふだん静の兄義久、動の弟義弘ですが、二人団結して秀長の大軍を日向高城《ひゅうがたかじょう》で迎え撃ちます。相手一五万、味方三万ですが、いままでと規模が違う、これまでの戦法が通用しない。秀長軍

高城城址　「高城川の戦い」では大友宗麟の攻撃に耐え、羽柴秀長の攻撃にはわずか1500の兵で耐えた堅城。宮崎県木城町

は日本一の精鋭部隊、赤子の手をひねるようなもの、測り知れない底力を見せつけられます。
皆さん、世の中には上には上がいるんですよ。視野を広げないといけないですよ。
日本ではじめて鉄砲隊を組織した島津がなす術《すべ》ないのですよ。軍神島津義弘の心はズタズタ！　祖父島津日新斎が生きていればどんな声をかけたでしょうか！

さて、根白坂《ねじろざか》の戦い、義弘ははじめての敗戦を経験します。あの島津が降伏宣言。現在の薩摩川内《せんだい》市の泰平寺《たいへいじ》に義久・義弘兄弟は首を討たれる覚悟で出向きます。ちょうどそのとき、石田三成が間にはいってとりなします。これによって義弘と三成の友好関係が築かれます。大きな絆となりますね。

関ヶ原で兄義久の声を聞かずみずから西軍に与《くみ》

根白坂古戦場跡　義弘、秀吉に敗れる。今はバス停脇に説明板があるのみ。宮崎県木城町

豊臣秀吉と島津義久　秀吉が薩摩侵攻の際、泰平寺の近くで島津義久と和睦を結んだときのようす。薩摩川内市

するのは、このときの三成の恩からきているのですね。また三成の口利きもあり、領国は安堵されますが、薩摩は長兄義久、大隅は次男義弘、日向は義弘の嫡男久保《ひさやす》に与えられます。

これが策士秀吉の狙いで、島津家の分断作戦らしくて、のちのち揉《も》めるように火種を残したというのが真実かもしれませんね。

豊臣秀吉は、これによって西国を征圧して、残るは関東の北条のみ。心おきなく攻略できる体制ができあがります。小田原城攻めののち、東北仕置きをして念願の日本統一を果たすのです。

戦国探検隊 レポート⑧

鹿児島、薩摩の山々

鹿児島の地形は山とシラス大地です。

余談ですが、台風の通り道にもなっていて、水資源豊富でこの水がシラス台地で濾過《ろか》されて、すこぶる美味しいのですよ。

山々がバラエティーに富んでいて、まず、世界自然遺産・屋久島！　そびえ立つ宮之浦岳は九州最高峰で、二月に屋久島見物に行ったとき、ポカポカ陽気の春だったのに山頂には雪がたくさん積もっていましたよ。一日にして春夏秋冬を経験できるんじゃないかと思えるほどのこの大自然のすごさ!!

そして、宮崎県とは隣り合わせの霧島山は天孫降臨《てんそんこうりん》の地、よくあの山深いところに霧島神宮（国宝）を建立させたもんだと驚かされますよ。

また南九州には開聞岳《かいもんだけ》。薩摩富士と呼ばれる美しい山なんです。昔は南蛮船などはこの山を目印にして日本へ入港したとか！

つづいて鹿児島県民の誇りともいえる桜島、かつて錦江湾《きんこうわん》に浮かぶ島でしたが

霧島神宮　1715年、島津吉貴により復興された。正面向拝の龍柱の彫刻は薩摩藩独自の特徴が見られ、南九州の社寺建築を代表する建築群として国宝に指定された。

開聞岳　「薩摩富士」と称される標高924mの山。周囲に山がないため、南薩摩のほとんどの地域から円錐形の姿を見ることができ、南薩摩のシンボルとなっている。

大正三年（一九一四）の噴火によって溶岩が大隅半島と陸つづきにしてしまったんですよ。

私が子供のころ、溶岩がゴロゴロしていましたが、いまでは立派な松林が群生して自然のすごさに圧倒されます。世界的にみても、目の前に人口六〇万人の大都市がある活火山ってないんですって！

天気情報でも降灰情報は必ず知らせてくれますし、先日もたくさんの降灰で大変でした。桜島はやんちゃできれいで貴婦人のようなプライドをもち、愛されています。

先ほどの大正噴火は日本最大ともいわれ、神社の鳥居が軽石で埋まってしまったほどで、それによって島民の移住もはじまりました。

猛将・島津義弘は隠居地加治木から、この絶景の桜島を毎日ながめていたのでしょう。

戦国探検隊 レポート⑨

奥州家と総州家

島津氏は、鎌倉時代から幕末まで、鹿児島（薩摩）を中心とした南九州で勢力を保持した名門ですが、多くの分家が存在します。藩主を中心に主従が一枚岩で一致団結して事に当たってきたというイメージをお持ちの読者が多いと思いますが、あにはからんや、実際はその長い歴史のなかで幾度ともなく一族内で勢力争いをしています。その第一弾が奥州家と総州家の争いです。

島津家五代当主貞久は、三男師久（総州家）に薩摩守護職を、四男氏久（奥州家）に大隅守護職を譲り、分割統治させました。

しかし、総州家では二代伊久と子の守久の内紛が起こります。奥州家第二代の元久は両者の争いを調停して伊久より薩摩守護職を譲り受け、奥州家が薩摩・大隅守護職を兼任するなど両家は当初協力関係にあったのですが、しだいに対立を深めて衝突するようになり、島津家八代当主となった元久の弟久豊は総州家四代久世を謀殺。久豊の子忠国は総州家三代守久を追放してしまうのです。

関ヶ原の島津義弘

大坂城で人質生活

秀吉の軍門に下った島津家ですが、弟の三男歳久《としひさ》は疑われて自刃し、四男家久《いえひさ》が病死、これはどうも毒殺らしいのですが。

あれほど結束バンドのように結ばれた四兄弟の二人がこの世を去ってしまったのでしたが、秀吉が裏で糸を引いていたのでしょう。

また、義久・義弘兄弟は、事実上大坂城で人質生活を強要されます。毎日、大阪城の秀吉の栄華を見るにつけ、名門島津家といえどもそのすごさを知ることになります。

日本統一を成し遂げた秀吉は、元気すぎる兵士たちの欲望を満たすため、領土拡大作戦に出ます。あの信長の野望と同じことをします。

目の上のタンコブの徳川家康二五〇万石に対抗する勢力作戦のため、豊臣恩顧の武将加藤清正・福島正則・黒田長政らに朝鮮半島や明国に領土を持たせ、家康に対抗させるバランスをとろうとしたんではないか！　それによって豊臣秀頼を助けてくれるものと信じて、あの悪名高き、文禄・慶長の役に討って出たと思うのですよ。

天下人の強権発動、島津義弘に軍役一万五〇〇〇という難題をつきつけられます。問答無用でした。秀吉は各大名の財力を消耗させる意図があったようです。義弘・久保親子は渡韓します。

応仁の乱以来戦い抜いてきた諸大名、戦略や鉄砲の保有数などから世界でもトップクラスの軍事力を日本はもっていて、一方二〇〇〇年の平和の朝鮮はなすすべもなくメチャクチャにされてしまう。これは戦争というより侵略ですよ。本当に申し訳ないと思います。

このことを未だに恨みとして朝鮮民族は忘れないのですよ。以前、私が韓国で、日本大使館の広報室で、日本人や日本語を学ぶ韓国の学生に、落語会を開いてもらったとき、くれぐれも豊臣秀吉のことは口に出さないでくださいよ、危険ですから！　と忠告されたことがありましたよ。

この朝鮮出兵が関ヶ原につながり、豊臣家滅亡へのシナリオができていくのですね。

秀吉の死と朝鮮撤退

年老いた秀吉は知るよしもなかったでしょうが、戦地で〝シーマンス〟と明軍に恐れられた島津兵は友軍から戦功随一と賞されました。責任者の豊臣秀吉が病没してしまったため、石田三成は朝鮮撤兵を宣言します。

こんなときの退却ほど難しいものはないですよ。命からがら帰国するんですが、何十万という明軍を、五〇〇〇もいない島津兵がよく耐えて、日本までの道のりを開いたものだと思いますね。ただ帰国途中、朝鮮の名陶工二四人を強制連行し、今の薩摩焼の基礎をつくるのですが、この歴史について私は心を痛めることはありますね。しかし、真実はどうなんでしょうか！

高麗陣敵味方戦死者供養塔　和歌山県高野山奥の院に所在。1599年、朝鮮出兵の犠牲者の霊を供養するため、義弘・忠恒父子が建てたもの。

結局、島津義弘は絶対権力者の命令に逆らえず、七年間にわたって朝鮮民族を踏みにじったりしました。義弘は翌年、紀州高野山に両軍合同供養塔を建てたのがわずかな償いかもしれません。

塔は高さ三・八五メートル、幅八一・八センチの位牌形（石造笠塔婆《かさとうば》型）で、「高麗国の陣中で討ち死にした敵味方の兵士を仏道に入れ令《し》めんが爲也《ためなり》」と記され、右側の銘文で明の将兵の供養を記し、次いで左の銘文で部下の将兵を供養しています。

この碑は、明治一九年（一八八六）に日本が国際赤十字条約に加盟したときには、戦国武将の赤十字精神として注目されました。

それでも朝鮮民族の恨みはいまも消えるものではありませんけれども…。

この供養塔は、昭和三三年（一九五八）四月に和歌山県の文化財に指定されています。

まあ戦国時代って、まずどんなことをしても勝たないといけない。そのなかで私思いますに、戦国最高を誇ったのは武田信玄の騎馬軍団があげられますね。もうひとつは最大軍団だった織田信長だと思います。

この二強の違いは、信玄の兵は半農半士だったことでしょう。農閑期に出兵するというもの。その間に戦闘に出かける。つまり土地や農業への愛情が深いわけです。もし負けようものなら、土地や家族がすべて失われてしまうこわさのなかでの必死な戦いなんです。

一方、信長軍団は、一年三六五日いつでも出動できる兵で、金で雇われた職業兵士、プロ兵士なのですよ。

いかなるときでも出兵できる、しかし弱点は金のいい方に流れて「必死」という言葉には程遠いのですよ。危なくなったら逃亡すればよし、ダメだと思ったら条件のよい方へ行けばよし、忠誠心が薄いのです。だから信長軍は大軍で心理的に弱らせ、大型化で勝利を導くという、これは秀吉も同じ戦法をとりました。後の九州島津攻め、関東の北条攻めの例があります。

島津の強さは、小が大を制す作戦ですから、武田信玄寄りともいえますね。そして負けは死を意味します。

場合によっては奴隷として日本人が海外に売られることもしばしばありました。南蛮船はキリスト教や珍品を日本にもってきましたが、逆に奴隷貿易もしていたことがありましたよ。

島津が大友宗麟の豊後を攻めたとき、たくさんの領民を人身売買して薩摩に連れてきたこともありました。それからいうと、越後の上杉謙信この人は歴史上上位に人気がきます。なぜならスマートで欲がなくピュアな武将のイメージですから、でも違うと思いますよ。

いくら関東管領《かんとうかんれい》の職を譲り受けたといっても、日本海側から太平洋側の小田原城まで進軍して北条を攻めますか？　人助けのためなんて大義名分をかかげてですよ、嘘ですよ。ありえません。越後は雪国のために肥沃《ひよく》な関東平野の略奪が目的ですよ。人身売買だって上杉謙信は容認していたんですから、皆さん、歴史の教科書がすべて正しいとは限らない。現在いろいろと検証されて肖像画が違っていたとか、鎌倉幕府の成立は正しくないとか！　いろいろ出てくるでしょう。違っていたなんてことありますよ。

天下分け目の戦い

そして慶長五年（一六〇〇）の天下分け目の戦い、関ヶ原がやってきます。ジャンジャンジャーン。日本史上最大の決戦。一日にして勝敗が決まった戦い、教科書的には東軍徳川家康に対して、西軍石田三成の図式が成立します。

以前私は、これ女の戦いでもあったかと。秀吉の正室北政所対側室淀君と秀頼、との嫉妬による戦いとみていたんですが、そうではないようですね。

晩年の秀吉は息子秀頼を溺愛しますが、じつはこの子は秀吉の子ではなかったなんて、歴史ファンは書きたてますが、実際はどうだったのか！　わからないところですが、ただ、秀吉は本当に目の中に入れても痛くなかったと思いますね。

秀頼と淀君が愛おしくて仕方がない!!　そうなると長年連れ添った女房ねねこと北政所にはジェラシーが生まれますね。当然ですよ。

そのとき、北政所はどのように政局をみていたのでしょうか！　近頃、西軍びいきであったという説もあります。

豊臣家臣団は、秀吉尾張時代からの武闘派グループと近江長浜城時代の文治派、つまりソロバンをはじくグループと分裂していて、その文治派の筆頭が石田三成、武闘派グループ加藤清正などはは朝鮮出兵での苦難の恨みを、石田三成を標的にします。

本来なら秀吉を憎むべきですよ。皆さん、会社でもこんなことがよくありますよね。すべて三成が悪いんだと納得するんですね。その裏では三成が主導権を握ってしまうと、自分たちは生き残れない！

と判断したんでしょう。だから家康側について東軍に参戦したんでしょう。

そのことは家康は百も承知だったんですよ。豊臣家恩顧の武将の分裂は家康の思うツボだったですね。もちろん加藤清正・福島正則らも家康に味方すれば豊臣家の安泰はないけど、自分たちの権力の維持は可能だ、と計算したんでしょう！

そこで三成を悪者にしてですね、関ヶ原に参戦するんですね。

私、思いますに、その点において西軍の武将たちはピュアな心で、恩に報いるという一点でしたね。そこに私は魅力を感じるのですよ。東軍が勝利を納めたことで、日本人の心は江戸時代にどう変わっていったのでしょうかね！

そんななかへ老将島津義弘六六歳は、突入していきます。

老将、突入

当初、義弘は、家康に伏見城の鳥居元忠《とりいもとただ》の援軍を頼まれますが、その願いを聞き入れなかったため、家康は怒り心頭、それで西軍に与します。三成に加担するということは恩返しであったのかなあと思いますが、この決断はわからないのですよ。

一方、薩摩にいる兄義久は、秀吉憎しでしたから家康寄りでした。この一大決戦に中立的立場をとっていて薩摩領内での内戦の心配もあり、義弘からの援軍要請も断り兵を送らなかったのです。ここに兄弟の溝が深くなっていったと思いますね。

義弘に一万五〇〇〇の兵を組織させていたら、西軍は大勝利したでしょう。少なくともあの九月一五日は負けはしなかったでしょうね。義弘の応援に国から駆けつけてくるのは、ほとんどは私兵で、自腹でこの関ヶ原までギリギリで到着するというありさまでした。ただひたすら飛脚のように走り、なかには泥棒までしたり、人によっては志半ばで断念という者までいたでしょう。無念だったことでしょう。

義弘に従う者、一二〇〇の精鋭の兵で、鉄砲隊もありました。少数ですが、義弘のために命も捨てる覚悟の同志でした。

島津の底力を知っていた石田三成にとって、命がけといえども非力に感じ、それが不信感に変わっていったのでした。ましてこの西軍の大将は世紀の一戦にただならぬ緊張感を経験していました。

当たり前だよね。でもね、たかだか佐和山城主で二四万石なのに、あの家康二五〇万石を相手に互角の戦いを仕掛けて作戦通りならば負けなかった。その手腕は大したものだと思いますよ。

ただ三成の失敗は、三成と同じく豊臣家を愛している、恩義を感じている、皆、同じ志だと感じたことなのでしょう。性善説を信じているんですよ。

正義は勝つと思っているのは甘い。勝ったから正義なのですよ。それが理解できなかったのでしょう。

こういうときこそ、年寄りの智恵を借りたらよかったのに！　それを一番知っていたのが「狸親父《たぬきおやじ》」徳川家康という人生のベテランなのです。

裏切りありの関ヶ原

それともうひとりが島津義弘だったでしょう。

裏切りありの一発勝負なんです。西軍でも石田三成の盟友の不治の病をかかえていた名将大谷義継《おおたによしつぐ》は松尾山の小早川秀秋の動向を見据えていました。

高みの見物をしていた「ミスター裏切り」小早川秀秋を、大谷二〇〇〇の兵で監視はしていましたが、大谷義継指揮下の小大名が裏切って西軍に向かってきたのが誤算で、これにはひとたまりもなく総崩れになってしまう。非情なもんです。

その後、関ヶ原において、ただひとり腹を切ったのが大谷義継でした。病に侵されて死期を知った大谷義継は三成との友情を貫き通し、後世に名を残す道を選んだのでしょう！　東西合わせて一六万の兵が真っ二つに分かれ、また豊臣家の身内同志の戦いを、家康はどんな思いで見ていたのでしょうか！

まんまと術中にはまったとしか思ってなかったのか！　家康が負けたところで豊臣恩顧の武将の仲たがい。痛くもかゆくもなんともない。まして中山道から関ヶ原にやってくる息子徳川秀忠の本隊三万五〇〇〇が無傷で温存しているし、もし家康が敗走する場合は中山道へ走ればいい！

東海道はもともと秀吉が江戸の家康をけん制するため子飼いの大名を配備していたので、万が一の場合危険性があるので利用できない。だからですよ。

現在の関ヶ原合戦の中心地は、ＪＲ関ヶ原駅から徒歩二〇分、田園が広がっています。とくにはげしく戦いが行われたこの場所には、石碑や、徳川家・石田家の家紋入りの旗が建てられ、休憩所もあります。

家康の策略

家康は、二の矢、三の矢を用意していたと思いますよ。関ヶ原において、西軍の主力石田三成隊を副将島左近《しまさこん》が支えて東軍を押していたし、五大老のひとり宇喜多秀家は一万八〇〇〇で、また元堺の商人で、キリシタン大名の小西行長《こにしゆきなが》も善戦していました。

一方で東軍は押され気味でした。頼りにしていた西軍のはずの吉川広家・毛利秀元・安国寺恵瓊・長宗我部盛親ら二万の大軍は動かず、吉川広家が家康との裏取引をしていたんです。毛利一二〇万石の約束は戦後守られなくて三分の一に減封されてしまうのですが、もうひとつの西軍のはず、松尾山の小早川秀秋、一万五〇〇〇はなんと西軍の横っ腹を襲い、そのため西軍は総崩れとなり、勝敗を決めてしまうのですよ。

子どものころから金吾、金吾と呼ばれお世話になった北政所の影響も大きかったなんて言われていますが、ただね、二〇歳の小早川秀秋ひとりを裏切者にするのはダメですよ。

関ヶ原の後、二年たって亡くなってしまう、いわゆる死人に口なしですから、気の毒にも思います。

小早川秀秋は後世まで辱めを受けていますが、裏切者というならば、東軍の、あるいは西軍の武将の中にも少なからず存在したでしょう。

西軍の大将が島津なら……

そんななか、微動だにしなかったのが島津義弘一二〇〇の鉄砲隊でした。石田三成への恩義と不信が交差するなか、この「世紀の戦い」に寝返りは普通なり、苦労人家康とインテリ三成の戦いに巻き込まれてしまったといったほうが正しいのか！

どっちに転んでも兄義久との関係の修復は難しいのは承知での行動でした。西軍に勝つチャンスはいくつもあったんです。この老練な島津義弘に石田三成が西軍を差配させていたなら、戦局は大きく変わっていたと思うのです。

残念でした。石田三成は自分を信じ、裏切りを信じなかったための敗北。同じく大坂冬の陣・夏の陣

真田幸村（1567 ?～1615 ?） 諱は信繁。大坂夏の陣において家康本陣に攻め込んだ。

の場合も大坂城側の淀君の側近に指揮を任せず、真田《さなだ》幸村《ゆきむら》にもし陣頭指揮をさせていたならば、勝たなくても負けない戦いができて、後にひょっとすると豊臣家の淀君・秀頼の命は助かったかもしれませんね。想像ですが。

石田三成は冷静を欠いていたのかもしれませんね。自分の作戦に酔っていたのかもしれませんね。三成はどうしても、かつての秀吉の九州攻めのときの〝弱い島津義弘〟を見てしまったのでしょう。そのためこの局面において、信頼できなかったのかもと思うのです。

三成が、島津義弘という戦いの大ベテランの老将の力を借りていれば！　とつくづく考えるんですが、でも九月一五日に西軍が勝利を得たとしても、結果的に家康が天下を取ったでしょうね。ただ徳川幕府のスタートは少し遅れたでしょうけれども、長期的な展望が家康にはあったと思います。

家康は、カトリック勢力が分裂時代にちょっかい出して、日本中が混乱して植民地になる可能性がないとはいえない世の中の流れを心配はしていましたけど。

島津の退き口

午後にはほとんど決着はつき、孤立するのは島津義弘隊。関ヶ原の真ん中に置き去りにされた状態でした。石田三成の再々の参戦の要請も聞かず、じっと戦局を見つめていたのです。なぜ動かなかったか？島津の鉄砲隊が動けば、小早川秀秋または南宮山の毛利勢も変化があったと思われるのです。もしタイムマシーンがあれば、私が「殿、何をお考えですか？」と問いたいですね。

そして決着がつきます。やってくるのが関ヶ原のもうひとつのクライマックス、「島津の退き口」ですよ。島津兵はとにかくこの義弘という男を国元へ帰らせるただその一心で命を顧みず守りをかためます。

島津義弘は決断します。このとき敵中突破という、だれもが想像しない大胆な作戦に出ます。その手土産に、家康の首を取って国へ帰参しようと試みようとします。普通の武将なら、並の武将なら、後退して逃亡をするものですが、いちばん危険な作戦をとります。

呆然《あぜん》とする東軍、なかでも福島正則隊は島津の恐さを知っていますから、ただ静観するだけ！　突き進む島津兵、しかし家康は跳ね返す力をもっていました。「無念じゃ、伊勢路へ」と進路をとりますが、執拗《しつよう》に追ってきます。とりわけ赤備えの井伊直政の軍が追ってくるなか、甥の島津豊久が義弘の身代わりとなって逃がします。なんとか逃げ切った義弘、大坂にいる老いた妻を連れて船で薩摩の地に帰り着いたときにはたった七〇名であったといいます。

一応、兄義久に詫びを入れますが、この兄弟にどんな会話がなされたか？　気になるところではありますが……。

島津隊の退却では、大将の島津義弘を逃がすため、義弘の甥・豊久を含む多くの家臣が犠牲となりました。豊久が戦死したとされる場所には石碑が残っています。

それから、義弘は表舞台から姿を消して蟄居《ちっきょ》します。しかし戦後処理が残っていて、島津家としては家康に恭順《きょうじゅん》の意を示します。つまり、このたびは義弘の一存でありまして、島津本家とは無関係です。その義弘もやむにやまれず、どうぞよしなに！　なんて交渉したのでしょうね。

万が一のときに備えて国境を兵で固め、関ヶ原から逃げてきた、あの五大老のひとり宇喜多秀家を鹿児島の垂水《たるみず》にかくまっていたのでした。もし家康との一戦がありしときは、秀家の力を借りようとしたのでしょう。しかし徳川との和睦《わぼく》が成立しますと、秀家を徳川に渡します。

秀家の正室豪姫の実家が加賀の前田家で、そのため助命されて江戸から遠く八丈島へ流されることになります。ここで八十数年の人生を全うします。

義弘と隆盛

でもなぜ、島津ほどの大大名を許したのでしょう。そのまま領土を保障したのでしょうか！　島津の強さを恐れたのか！　またはその後に締め上げればいいと考えたのか！　または琉球貿易の先兵をさせるためとか！　諸説あるんですが、本当のところはわからないのです。

徳重神社（上）**と妙円寺詣り**（下）　徳重神社は日置市伊集院町に所在、祭神は島津義弘。神社の敷地内には義弘の菩提寺である妙円寺があった。毎年10月第4日曜日に、鹿児島市から徳重神社を詣でる「妙円寺詣り」が行われる。

しかしこの温情が仇となりますよ。二六五年後に、よもや徳川幕府が、この島津によって仕返しをされるとは夢にも思わなかったでしょう。

地元でも愛される島津義弘こと「維新公」ですが、この「島津の退き口」を忘れないために、いまも義弘の菩提寺の妙円寺

（現在の徳重《とくしげ》神社）を甲冑スタイルの武者姿で行進する妙円寺参り（鹿児島の三大行事のひとつ）が、いまもつづけられています。

旧暦九月一四日は、日置市の「妙円寺詣り」の日です。平成五年（一九九三）からは、毎年一〇月の第四土・日曜日に「妙円寺詣り」及び「妙円寺詣り行事大会」が開催されます。徳重神社境内の弓道競技をはじめ武者行列・太鼓踊り・生花・茶道などが行われています。

最後に、薩摩の英雄、西郷隆盛と島津義弘、いまも人気・人望もあり、その慈悲深さはだれもが知るところ、そのため、西南戦争では西郷とともに人生を共有しようとした人たち、関ヶ原で死に物狂いで守り切った兵士たち。西郷は自刃という形で五一年の人生を幕引きをし、義弘は家康より長生きをし八五年の長寿を全うします。

人生の終わりは違えども、未来永劫、鹿児島の誇り、イヤ日本の誇りであることには間違いないと思います。

島津義弘は錦江湾に浮かぶ桜島を眺めながら、残りの人生をどう過ごしたのでしょうか！　戦乱のなかにいた義弘は、最後は畳の上で眠るように大往生したといいます。

戦国探検隊 レポート⑩

クモ合戦、島津義弘の残したもの

あの悪名高き朝鮮出兵、文禄《ぶんろく》・慶長《けいちょう》の役《えき》。維新公こと島津義弘が現地での兵士の士気を高めるためにはじめたのがクモ合戦。

島津軍が帰鹿《きか》してから四〇〇年たっても、いまだに鹿児島県姶良《あいら》市加治木町において六月の第三日曜日、コガネグモ同士を戦わせる伝統的な昆虫相撲の競技がつづけられています。

平成八年（一九九六）、選択無形民俗文化財に指定されて、平成三〇年、日本ユネスコ協会連盟の「プロジェクト未来遺産」に登録されました。

また、「妙円寺詣《まい》り」というのが毎年の伝統行事として愛されています。関ヶ原の中央突破

くも合戦　姶良市加治木町で毎年６月の第３日曜日に開催されるコガネグモ同士を戦わせる競技。

に成功したことを祝って、伊集院町の妙円寺（現、徳重神社）へ鹿児島から往復四〇キロを夜を徹して練り歩く、それも甲冑《かっちゅう》武者としてですから、重くて大変だったでしょうね。もちろんいまもですが…。

維新公の業績、実績をたたえているのです。

くも合戦　クモ合戦は高さ 1.5m の竿の上端から水平に張り出した横棒の上で行われる。横棒は太さ 1cm、長さ 45 ～ 60cm の竹が使われる。

桂竹丸の戦国ひとり旅

第三章 — 武田勝頼編

武田勝頼はどう生きていたか！

小学生のころから日本地図で全国都道府県を見るのが好きで、地理オタクで、それが原因だったのか、小学五年生まで、布団世界地図を描いていたものでした!!（笑）冒頭から失礼いたしました。

鹿児島出身の私にとって、関東の情報がいまと違って薄くて、そんななか、山梨県というこの県名に、山に囲まれた盆地で、まして日本一の富士山を眺めることもできるのに、どうして、山梨、山無しなんだろう！　と不思議がった私でしたが、調べてみると、ワイン、ぶどうの産地なんですってね。

鹿児島では、まわりでワインを飲む上品な人はいなくて、みんな芋焼酎、ちょっとリッチで日本酒の安いのが！　なんてのが、親たちのふつうの宴会でした。

歴史好きな私にとって目に入ったのが、あの武田信玄なんです。武田信玄――戦国最強と謳われ、近隣諸国に恐れられた武将で、地元の誇りで英雄！　その子、武田勝頼の登場です。

武田勝頼の略系図

武田勝頼

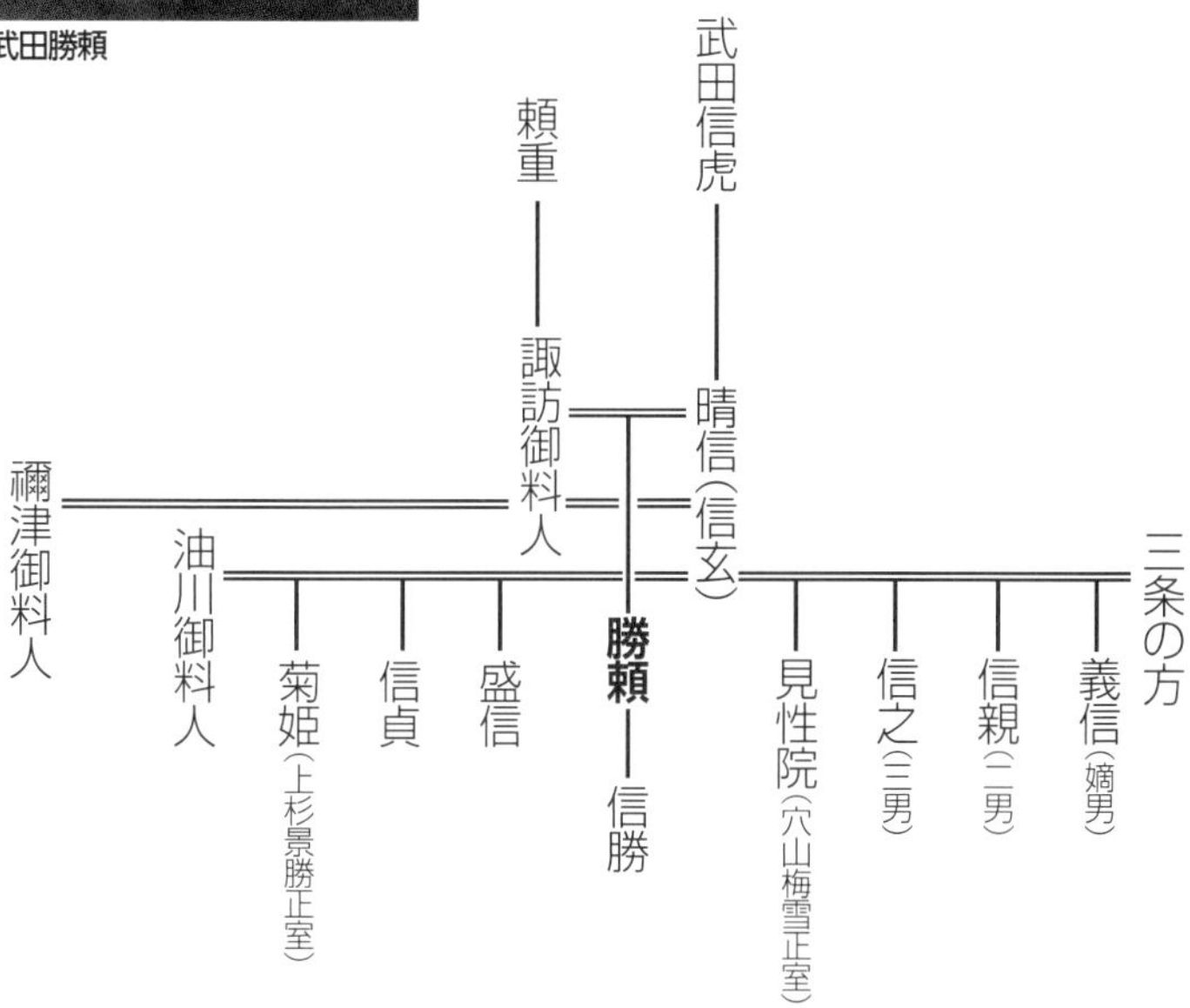

武田勝頼ゆかりの地を訪ねて

武田信玄と側室諏訪御料人とのあいだに生まれた勝頼は、1582 年、天目山の戦いに敗れ、自害して武田家は滅亡します。

武田家の領国経営の中心地である甲府の武田神社や諏訪湖、諏訪大社、そして武田騎馬軍団が織田信長の鉄砲隊との戦闘の舞台など、見所は多くあります。

躑躅ヶ崎の館跡　武田氏の領国経営における中心であった。甲府盆地の北端、南流する相川扇状地上に位置し、背に詰城である要害山城を配置した構造になっている。

武田神社　甲府市古府中町に所在。。宝物殿もぜひ…。

甲冑姿の武田勝頼像　JR 甲斐大和駅北口 1 分。

設楽原決戦場まつり　1575 年、武田勝頼と、織田・徳川連合軍が衝突し、武田軍が大敗した「長篠の戦い」が起こった場所。「長篠役設楽原決戦場」の碑が立つ。

設楽原から出土した鉄砲玉（左）**と信玄砲**（上）　信長は、当時としては大量の鉄砲を持ち込んで鉄砲隊を組織した。戦いがはじまると「三段撃ち」の新戦法を使って、向かってくる武田の軍勢につぎつぎと玉を撃ち込んで、勝利に導いた。

馬防柵　信長は陣地を構築し馬防柵を設置して、武田軍を迎えうった。

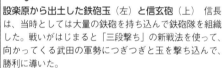

【武田勝頼関連年表】

和暦	西暦	武田勝頼年表	できごと
天文12	1543		ポルトガル人、種子島に鉄砲を伝える
天文13	1544		和船20余隻、朝鮮慶尚道蛇梁鎮を攻撃、日朝間の通交断絶する
天文14	1545		近畿・東海諸国に大風雨・洪水／今川義元、北条氏康と駿河で戦う、武田晴信、義元を援ける
天文15	1546	晴信（信玄）の四男として誕生	京都、土一揆蜂起、朝廷に徳政を訴える。幕府、このため徳政令を出す
天文16	1547	2歳	武田晴信「甲州法度之次第」を定める
天文17	1548	3歳	武田晴信、信濃上田原に村上義清を攻めて大敗／武田晴信、小笠原長時を信濃塩尻峠で破る
天文18	1549	4歳	フランシスコ＝ザビエル、鹿児島に上陸
天文19	1550	5歳	武田晴信、後奈良天皇書写の般若心教を甲斐浅間社に奉納／ザビエル、山口で布教
永禄2	1559	14歳	武田晴信、悪銭・新銭の通用を禁止
永禄3	1560	15歳	信長、桶狭間に今川義元を襲撃。義元敗死
永禄4	1561	16歳	上杉謙信、武田信玄と川中島で戦う
永禄5	1562	17歳 信濃国・高遠諏訪家の名跡を継ぐ	
永禄6	1563	18歳 上野国・箕輪城攻めで初陣を飾る	
永禄8	1565	20歳 信長養女（龍勝院）と婚姻	将軍足利義輝、暗殺される

生没年

武田信玄（1521～1573）

諏訪御寮人（1532～1555）

武田勝頼（1546～1582）

永禄10	1567	22歳	嫡子信勝誕生／龍勝院死去	
永禄11	1568	23歳		信長、足利義昭を奉じて京都に入る
元亀1	1570	25歳	花沢城を攻略	信長敗走（金ヶ崎崩れ） 信長、家康とともに浅井長政、朝倉景健を姉川に破る
元亀2	1571	26歳		信長、比叡山を焼き討ち
元亀3	1572	27歳	遠江・二俣城を攻落／三方ヶ原で織田・徳川連合と戦う／岩村城の戦い	
天正1	1573	28歳	信玄病死。武田家20代当主となる	
天正2	1574	29歳	明知城の戦い／飯羽間城を攻略／高天神城の戦い 東遠江をほぼ平定する	
天正3	1575	30歳	長篠の戦いで、織田・徳川連合軍に敗退	
天正4	1576	31歳		信長、安土城を完成
天正5	1577	32歳	北条氏政の妹・北条夫人を継室に迎え入れる	
天正6	1578	33歳		上杉謙信、病死
天正7	1579	34歳	北条家が一方的に同盟を破棄し信長と手を組む、窮地に立たされる	
天正8	1580	35歳	膳城素肌攻め／持船城を奪還	
天正9	1581	36歳	韮崎に新府城を築城／高天神城の戦い	
天正10	1582	37歳	天目山で嫡男信勝とともに自害。武田家滅亡	本能寺の変／山崎の合戦／太閤検地開始

信勝（1567～1582）

信玄と勝頼

人心掌握の人、武田信玄

川中島では、越後の上杉謙信《うえすぎけんしん》との名勝負を演じた、その合戦のなかで馬上から謙信が切りつけるのを、座ったまま軍扇で受け止めた信玄。なんてシーンが私の頭の中に焼き付いていてね、小学生の美術の時間でしたが、版画でその名場面を作品として提出したこともありましたね。自分は天才と思ってました(笑)。

ですから、山梨県のイメージ多々あるなかで、私には武田信玄の四文字は印象が強いのですよ。また、この武田信玄の「タケダシンゲン」の語感が強さの証明としても心地良いのですよ。いかにも源氏の流れを汲む戦国武将らしくて、グッドなんですよ。

その点、関東の覇者、平家の出身、北条早雲《ほうじょうそううん》は名前が優し過ぎますよね。でも早雲はたたき上げの人で、下克上の代名詞にもなってて、魅力的な武将のひとりですが。

そんなことを思いながら落語家になり、甲府への仕事が舞い込んできて、東京から八王子を通り、だんだん峡谷のような幅の細さのなかを電車は走り、しばらくして緑豊かな甲府盆地が目前に登場してくるんですよ。

石和《いさわ》温泉駅を通過して甲府駅!! すぐ近くには甲府城、現舞鶴城《まいづるじょう》公園があり、かつて豊臣秀吉が対徳川家康として築城したといわれていますが、甲府駅南口、徒歩一分、武田信玄《たけだしんげん》像がドーンと鎮座しています。

日本中に銅像が数々ありますが、これほど、力強さを見せつける像はないのではないでしょうか!!

二宮金次郎とは真逆です。（笑）当たり前ですよ。比較する方がおかしい!!

甲府駅前の武田信玄像　信玄（1521 ～ 73）は出家後の号。俗名は武田晴信。

群雄割拠《ぐんゆうかっきょ》の時代にあって、武田信玄の名は全国に轟《とどろ》いていたでしょうね。「風林火山」の御旗のもと、怒涛《どとう》の勢いで進攻してました。

信玄指揮下に、武田二四将の頼もしさ、絵が現存してますが、ワクワクしますよ。

この武田軍の前では、信長・秀吉・家康もまともでは勝てないと想定していたでしょうね。武田騎馬軍団と聞いただけで、歴史ファンは武者震いしますよ！ ただ当時の馬は、いまのサラブレットと違って、短足でね、日本古来種でね、ハリウッド映画の西部劇のような、馬に乗るクリントイーストウッドのようではなかったことは、知っといてくださいね！

で、江戸時代に出された「甲陽軍艦《こうようぐんかん》」や、家康が信玄に敬意を表していたこともあり、もっとももも強い武将、武田信玄がイメージされていますが、私は強さより人心掌握の上手さが目立つ戦略家だったと思うのですよ。

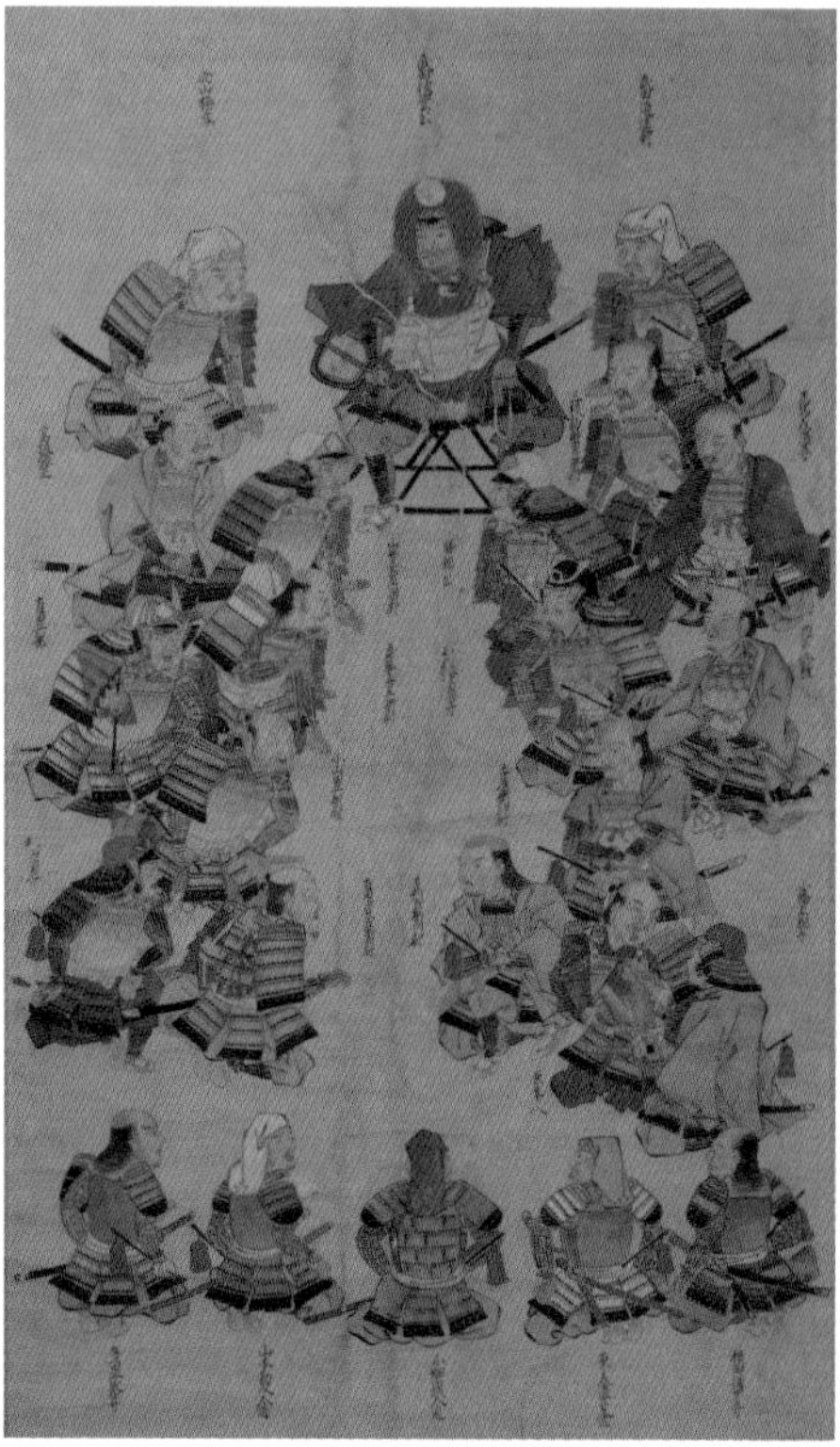

武田二十四将図　武田信玄に仕えた武将のうち、後世に講談や軍記などで知られる武田家家臣団をいう。中央上段に信玄、周囲に２３人が描かれる。

というのは、甲斐の国は昔より、国人衆《こくじん》、つまり地元豪族といえばいいでしょうか。なかなか強大で、武田一族がワンマンで統治できるものでなかったのですね。織田信長のような強権を発動して、追放、もしくは殺すなんて図式は、武田家には多くはなかったのです。ただ、家族愛において、信玄は信長と同じ空気があって、父信虎を追放、息子義信が自刃なんてある一方、実の弟たちは大切にしたなんて話は残っています。仕事と家族の両立なんて無理な時代でもあったんでしょう。これが息子の武田勝頼《かつより》に影響を与えたでしょうね。

甲府盆地と武田信玄

英雄は、天下取りのために捨てるものも多い。芸能界でもひとりのスター誕生には、周りの運を吸い取ってしまうことがありますよ。

ですから皆さん、あまりスターの近くにいないほうがいいと思いますよ。あなたの運気を吸われちゃいますから‼ 安心なのは、この竹丸のところに来てください。そんな心配、まったくありません‼

オイオイオイ⁉（笑）

武田信玄は行政手腕も優れていたんです。甲府盆地は、あまり米が取れず、その上、川の氾濫《はんらん》に悩まされつづけていました。それを信玄堤《しんげんづつみ》を築いて改修し、また金山開発を行ったり、またグルメ的には野戦にも重宝する味噌《みそ》や、いまや山梨名物の「ほうとう」など注目していました。

さて今回の主人公、武田勝頼ですが、彼を登場させる前に、信玄を知らないとその本質に近づけないと思うので、ご了承下さいな！

子どもは、親コンプレックスなんだと思います。親から逃げることは不可能なんですね。

私の父親は、三道楽すべてやりつくして亡くなりました。母親を苦労させて、困った父でしたが、ただ、今でも私は一生かかってもこの父親を越える男にはなれませんね。そんななか、武田勝頼はどう生きていたか！　が、お伝えできたらなんて思うのですよ。

甲斐の虎、武田信玄は、甲府は躑躅ヶ崎《つつじがさき》館、現在の武田神社ですね、を本拠としていました。当時の守護大名の流れを汲む武将、今川義元や朝倉義景など、館形式が多かったですね。

「人は城、人は石垣、人は堀、情けは味方、仇は敵なり」の言葉が残ってますが。

私ははじめて訪れたとき、大きな堀に天守閣なんて想像をしておりましたが、それをはるかに下まわる規模で驚いたことがありました。まあ、ここまで攻め入られたら、負けなんだ！　という戦略もあったんでしょう。ただ有事に際して、近く裏山⑪に、要害山城を用意していて、今川軍の猛攻のときには、大井夫人がここで信玄を出産しました。

戦国探検隊 レポート⑪

信玄堤

甲府市竜王にある堤防で、釜無川《かまなしがわ》と御勅使川《みだいがわ》の合流地点にあり、雨期になると氾濫《はんらん》して領民を苦しめてきました。領主というのは治水事業に秀《ひい》でていないと信頼されないもの。あの明智光秀も丹波福知山の治水に尽力して、いまも慕われて尊敬もされてんですよ。

『甲斐国志』によれば、はじめ植林などが行われていたが、御勅使川と釜無川の合流地点である竜王の高岩（竜王鼻）に堤防を築いて御勅使川の流路を北へ移し、釜無川の流路を南に移して制御が試みられたという。信玄堤に関する最古の文書は、永禄三年（一五六〇）八月二日付の武田信玄印判状（「保坂家文書」）であるといわれています。

信玄が用いた工法は、当時としては画期的なもので、それまで扇状地を湾曲《わんきょく》して流れていた御勅使川の流れをまっすぐに固定し、さらに「将棋頭」とよばれる石組みを築いて水流を二分したのです。

信玄堤　甲斐市竜王にある堤防。釜無川の氾濫を治めるため武田信玄が築いたとされる。竜王側の堤は全長 5km。

最後には赤石の下流に一八〇〇メートル以上にわたる堅固な堤防を築いて樹木を植えさせました。

近年では、多くの河川が氾濫の被害にあっても、信玄堤はなんともなかったとも言われていますね。

戦国探検隊レポート⑫

武田信玄と「ほうとう」

山梨県の郷土料理、人気の「ほうとう」。野菜がたっぷり入って、作り方も簡単で、私、はじめて口にしたとき、名古屋の味噌煮込みうどん同様、栄養満点で寒いときなど、たまらん味と思いましたね。「ほうとう」とは、小麦粉を練り、太めに切ってつくっためんを、ネギやシイタケ・ジャガイモなどの具材とともに味噌仕立ての汁で煮込んだものです。

山梨県を中心とした地域で食べられており、二〇〇七年には農林水産省によって「農山漁村の郷土料理百選」のひとつに選ばれています。

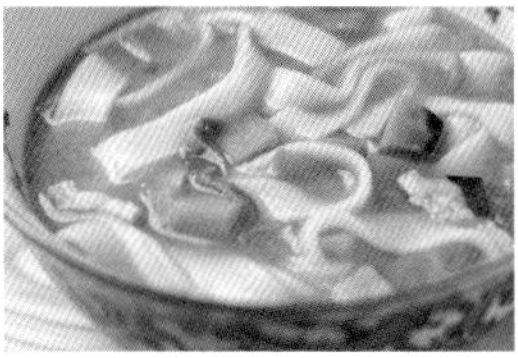
ほうとう

「甲斐《かい》の虎」とも呼ばれた武田信玄は、その効率の良さから野戦食として用いたとも伝えられています。名前の由来は、信玄が自分の刀で食材を切ったことから「宝刀」と名付けられたという説もあるなど、「ほうとう」は武田信玄とともに「山梨名物」として愛されつづける存在です。

戦国時代の親子関係

皆さん、テレビの特集で日本一の堅城はどこでしょうか！　なんて論議されますが、では逆に、日本一、軟弱な城はどこでしょうか！

もちろん、有力大名で江戸時代ですよ。私は故郷、鹿児島の鶴丸城ではなかったと思うんです。これを実証したのが、明治一〇年（一八七七）の西南戦争でした。谷千城《たにたてき》率いる政府軍の熊本城は西郷軍ですら落とせなかったにもかかわらず、鶴丸城においては、弱点を知ってる西郷隆盛は、籠城すらせず、その裏山の城山に立て籠ったほどでした。

もっとも薩摩は、外城という領地内に鶴丸城の支店みたいな防衛戦を形成していたので、それでよかったのかもしれませんが……。

しかし、この鶴丸城内には、黎明館という薩摩の歴史、とりわけ幕末、明治維新の資料が残されています。春になれば、石垣にかかるソメイヨシノが見事な美しさを見せて楽しませてくれるし。近ごろ「御楼門」が復活して、歴史ファンが訪れてインスタ映えしてますね……。参考までに。

さて、戦国時代の親子関係、家族関係はどんな図式が見られたんでしょうか！

親と子が、兄と弟が、ある一面においてライバルであったり、また仁愛に満ちたりとさまざまでいまも昔も同じですね。

武田信虎、信玄、義信の親子三代は悲運でしたよ。毛利元就の三本の矢の三兄弟、薩摩の島津義久を筆頭に四兄弟の結束の強さ、織田信長や伊達政宗の弟殺し、因みに伊達政宗の件については異説が出てますけれども。また親から脱却できなかった北近江の浅井久政、長政親子など様々ですが。

勝頼の祖父、信虎は国人衆をまとめ上げましたが、息子信玄に追放される。ただ当時の甲斐の国を統治した事実は大したものですね、しかし信虎と信玄の葛藤は大きかったのでしょう。側にいた教育係の板垣信方《いたがきのぶかた》は苦労したでしょう。尾張の織田信長の守役だった平手政秀《ひらてまさひで》にいたっては自刃してしまうほどで、命をかけた立場だったのですよ。これって現代社会でも、社長と息子の間にいる重役という関係に似ていると思いますね。

板垣信方（1489? ～ 1548） 武田信虎・晴信（信玄）の２代に仕えた。

結局、信虎を駿河《するが》に追放！　これ平安末期、平清盛の横暴ぶりを諌《いさ》めた長男平重盛《しげもり》とは決定的に違いますね。

もっとも駿河には、信玄の姉定恵院《じょうけいいん》が今川に嫁いでいたのは、せめてもの慰みだったのではないかと思いますが……。ところがこんどは今川家を侵攻すると、嫡男義信《よしのぶ》が反対し、その義信は最終的に自刃してしまう。

諏訪御料人

信玄は孤独だったでしょうね。そこで残ったのが諏訪御料人との間に生まれた四男武田勝頼でした。勝頼の祖父諏訪《すわ》頼重《よりしげ》を信玄は自刃に追い込んでいるんですよ。信濃諏訪大社大祝《おおはふり》で信玄に攻められ降伏した後、甲府東光寺に幽閉され、最後は自刃してしまう。辞世の句は、

おのづから　枯れ果てにけり　草の葉の
主あらばこそ　又も結ばめ

勝頼の母親は諏訪御料人といって、頼重の娘で、つまり、この母と子は父と祖父を信玄に殺されたんですよ。難しいところですね。

勝頼の気持ち、諏訪御料人の思いはどんなものだったのか！　これって秀吉と淀君に関係に似てるかも。そんななか、武将としては偉大な信玄の元で育っていくのですよ。以前、老舗の家具屋さんで、親娘の争いがマスコミで話題になりましたが、組

東光寺　信玄が定めた「甲府五山」の一つ。長男義信と義父諏訪頼重の墓がある。

建福寺　信玄の側室で勝頼の母由布姫（諏訪御料人）の墓がある。石仏が有名。伊那市

織が大きければ大きいほど、もめたときは厄《やっ》介《かい》なものです。しかし勝頼は、立派にすくすく育ったといわれています。

父信玄は、扱いにくしい国人衆と計って、本格的に信州を攻め、快進撃をつづけます。

あの風林火山の御旗のもとに、武田軍は強大でした。疾《はや》きこと風の如《ごと》く、徐《しず》かなること林の如く、侵掠すること火の如く、動かざること山の如し、これ、イメージ戦略として上手いですね。ただね皆さん、人は強すぎる、また健康すぎると、そこに落とし穴があったりするもんですから、御用心くださいよ。

さて、まずは諏訪大社がバックボーンの諏訪頼重、海のない信州にあって、あの諏訪湖は、県民の自慢で、あの間欠泉《かんけつせん》には驚かされ

諏訪湖の間欠泉　当初は高さ50mまで自噴したが、やがて自噴は止まってしまった。

ますし、冬の釣り人にとってワカサギ釣りはたまらないですね。寒い中、フライで食べたあの味は忘れられないなぁ。

つづいて、高遠頼継《たかとうよりつぐ》・村上義清《むらかみよしきよ》・小《お》笠原長《がさわらなが》時《とき》などを打ち破り、そして川中島で計五回も繰り広げられ、宿敵上杉謙信との死闘、歴史ファンの興味はつきないですね。戦国時代のいくさの英知の結晶ですよ。

余談ですが、江戸時代初期、安芸の国五〇万の大大名、福島正則が改易《かいえき》され、減封《げんぷう》もされこの地で人生の幕を閉じています。

しかし、この領土拡大により、多くの人材を失っていったのも事実で、とくに嫡男義信《よしのぶ》の死は大きかったと思われます。

信玄には、継室三条の方に三人の男子、嫡男義信・二男信親《のぶちか》・三男信之《のぶゆき》と二人の娘、側室の諏訪御料人との間に四男勝頼、同じく側室の油川御料人との間に五男盛信《もりのぶ》と六男信貞《のぶさだ》と娘三人、そして、側室禰《ね》津《づ》御料人との間に七男信清《のぶきよ》がいたと伝わっています。

戦国探検隊　レポート⑬

諏訪大社と諏訪湖

武田勝頼の実家といっていい諏訪大社、そして目の前の長野県最大の湖が諏訪湖です。

諏訪大社はたいへん格式のある古社で、全国各地にある諏訪神社の総本山として尊敬されています。御柱祭《おんばしら》でちょくちょくマスコミに登場してきますが、その荘厳さに圧倒された思い出があります。

諏訪湖の伝説、神様がお渡りになった跡とされる御神渡《おみわた》りの自然現象がおこりますが、近ごろ、温暖化の影響なのか、見るチャンスが少なくなったとか！　もちろん、ワカサギ釣りも楽しく有名な諏訪湖です。

で、この諏訪大社の大祝《おおほうり》でもあり、諏訪氏一七代当主が諏訪頼重《すわよりしげ》で、娘の諏訪御料人と武田信玄とのあい

諏訪大社　上社本宮　拝殿　信濃国一宮として崇敬を集めた。上社は前宮と本宮よりなる。

諏訪湖　かつては厚い氷が湖面をおおい、ワカサギの穴釣りやスケートなども行われていた。また、膨張した氷が湖面上にせりあがる「御神渡り」も有名。

だに生まれたのが武田勝頼なのです。

信玄は信州諸族の名跡《みょうせき》を継承させ懐柔策をとるために、息子勝頼に、いちじ諏訪姓を名乗らせたりします。

ただ甲斐サイドからすれば、信州閥の勝頼とは距離があって、のちにじわじわ暗雲がたちこめていくのです！

武田騎馬軍団

信玄の後継者に

先ほども述べましたが、跡取りは四男の勝頼、高遠城の城主ですよ。後継者として予想していなかった証拠として、武田家の当主は、皆、信の字が使われるのに、勝頼にはない。それより祖父の頼の一文字を使ってるので、武田家本家に入ったときの肩身の狭さなんて半端じゃなかったでしょう。国人衆など、この外様《とざま》が！　なんて思っても不思議じゃないでしょうから。ここに勝頼の苦悩がはじまるのです。

元来、武田家は新羅《しんら》三郎《さぶろう》以来の源氏の名門ですから。当時、武田に並ぶのは、薩摩の島津、奥州の伊達、常陸の佐竹ぐらいで、織田や徳川などは、もっと格の低い位置にありましたよ。

しかし凡将ではない勝頼は、少しずつ家臣団との距離を縮めて、信頼関係を深めていく形をつくり上げていきます。

跡取りについて、故・立川談志師匠曰《いわ》く、親と同じ職業に就《つ》く者は、親の偉大さに鈍感な奴で尊敬の念がないといけないと……。

高遠城址公園　高遠城を中心に整備された公園。高遠城は、もと諏訪氏一門の居城であったが、1562 年、武田勝頼が諏訪氏を継承し、同時に高遠城主となった。

もうそのころは神格化されていたでしょう。父武田信玄と同行して、念願であった西上作戦に参加します。

もちろん、戦略家の信玄は、織田包囲網を形成し、越前の朝倉義景、北近江の浅井長政、石山本願寺、比叡山、一《いっ》向一揆《こういっき》などと連絡を取り合い、信長・家康を追い詰めていました。

ただ、私は最終的には、信長は負けなかったと思いますよ。もちろん相当な痛手は受けますが、経済力の差が勝敗を決めるでしょうね。武田軍二万五〇〇〇は、ほとんど農民兵、一方、織田軍は職業軍人。金で雇われているので、危険がせまると逃げるのが常でしたね。

でも一年じゅう戦争ができる、それだけの財力があるんですよ。長期戦になれば一目瞭然、そして織田には肥沃な大地の尾張、海運業の利便性高い尾張、信長の進歩的な楽市楽座、また貿易港・堺を支配していたという、武田の山岳国家とは資金力が莫大に違っていました。

武田軍は、信濃・甲斐の国のたたき上げの戦士、昭和の時代の巨人V9時代の選手のようなもの、片や織田軍は世界中からスターを金の力で入団させる、まるでロサンゼルス・ドジャースのようなもの。人材登用がすばらしい。能力主義です。信長軍には秀吉や明智光秀という中途採用組がいてが実力を発揮するんだから強いわけですよ。

三方ヶ原の戦い

ですから、武田信玄は、井の中の蛙状態にあったかもしれません。でも目の前の敵を倒すことにおいて、いくさにおいて無類の強さは持ち合わせていました。その恐ろしいまでの激烈さを、息子勝頼は目の当たりにしてるんですよ。いい勉強をしていたと思いますよ。ただ武田軍は占領地に、とっても非情だったと言いますね。信州の人たちはどうとらえていたでしょうかね！

ただ私は、勝頼は信玄でなく信長を勉強すべきだったとつくづく思うのですよ。あの先見性、末には明《みん》国まで征服しようとしていたスケールの大きさを学ぶべきだったと思いますが、しかし西上作戦の最初の邪魔者は浜松城の徳川家康、この地はバックに資源豊かな浜名湖、かつては鰻の産地でしたが、いまや全国第四位の生産量で、確実な収穫ができるスッポンの養殖に、今は力を入れてるとか！

三方ヶ原の戦い　幕末の人気絵師歌川芳虎（孟斎）が1874年に描いた「元亀三年十二月味方ヶ原戰争之圖」。右の「諏訪大明神」の旗の下が武田信玄、左は馬上の家康。

昨今、さつま芋の育成にも大きな動きがあって、肥料に鰻の骨を散布しているところもあるとか。またみかんやお茶の産地でもあり、一方、自動車・バイク・音楽関係とか、バランスのとれた町が浜松ですが、一五七三年には一大事があってきても、一〇年、二〇年経つと、すっかり変わるのも致し方ないところでしょうから！

それは三方ヶ原《みかたがはら》の戦い、信玄二万五〇〇〇の兵、対する家康一万の兵。この戦いに家康は死まで覚悟したといいます。このときの目を見張るような戦闘能力の高さを見せたのが武田勝頼、二七歳。また、みずから二俣城《ふたまたじょう》も落城させているんですよ。たいした男です。

このまま、信玄は、信長の岐阜城までは追い詰めるはずだったと思いますね。ところが、ところが、志半ば、駒場《こまんば》（長野県下伊那郡阿智村）で死んでしまいます。享年五三。

武田家滅亡への道

このときの遺言が、武田家を滅亡への序章にしてしまったのかもしれません。三年間、信玄の死を隠せ！　喪に服せ！　と言い残すんです。

そのうえ跡取りは勝頼の嫡男武王丸《ぶおうまる》に！　成人するまで勝頼は後見人になれと伝えるんですよ。これでは勝頼の立場が揺らぐでしょう。「虎は死して皮を残す」なんて言いますが、この甲斐の虎は、皮に命まで残してしまったのですよ。

皆さん、会社の創設者が、後継者は長男でなく孫にせよ、なんて遺言を残したら、社員は長男派と孫派に分裂してしまいますよ。しかし信玄ほどの男がなぜ、こんなレールを敷いたのでたのですよ。

信玄は、勝頼の頭の良さ、判断力の優秀さは熟知していたでしょう。信玄のあとは勝頼に託す。御親類衆や国人衆の皆さん頼みますぞ、となぜ託さなかったのか！　私には謎なんですよ。だれか教えてくださいませんか！

信玄の死後、一枚岩になっていれば、相当な力は温存できたでしょうね。

織田信長をして、「日本にかくれなき弓取り、愚将でないぞ！」と、部下たちに警戒せよと説いていた男が武田勝頼なのですよ。

世間でも、親からみれば、息子は力不足に思うものなのでしょうかね。息子からすれば、周りはオレのこと頼りないと思ってるんだろう、とすごいストレスを感じたと思いますよ。

穴山梅雪

このとき、信玄は何をすべきだったか！　最善の方法は、勝頼に名参謀をつけるべきだったのでは。長坂釣閑斎《ながさかちょうかんさい》や跡部《あとべ》勝資《かつすけ》でなく、信州上田の真田《さなだ》昌幸《まさゆき》に白羽の矢を立てればよかったと私は思います。

戦国の世では、上杉景勝《うえすぎかげかつ》には直江《なおえ》兼続《かねつぐ》、豊臣秀吉には弟秀長、伊達《だて》政宗《まさむね》には片倉小十郎《かたくらこじゅうろう》、島津義久には弟三人など、いい例がいっぱいありますよ。

武田勝頼は、今川義元の息子氏真《うじざね》のような凡将でなかっただけに惜しまれますね。

武田勝頼（1546～82）　武田晴信（信玄）の四男。母は諏訪御料人。

武田信玄、死に際しての大失敗でしたね。この西上作戦の中止によって、近隣諸国が探りを入れてきて、武田側の出方を見きわめようとしてきます。

当然、織田信長は甲斐へ間者《かんじゃ》を忍ばせたりして、武田家の内情を捜査します。そして凋落を進めて、屋台骨を揺るがせますよ。動揺する武田家臣団・国人衆たちでした。

そのなかで、穴山信君《あなやまのぶただ》こと梅雪《ばいせつ》、この人、お母さんが信玄の姉、正室が信玄の次女で後の見性院《けんしょういん》、簡単に言えば、武田勝頼よりも武田家の血の濃い人とも言えるんですね。じつに人曲者で、家康と密通していたのでした。二枚舌どころか三枚舌、四枚舌の男でした。

つまり、皆さん、家のなかに泥棒と同居してるようなもの。この穴山梅雪は、前の親分、信玄は見抜けなかったんで勝頼に負担を負わせてしまったのでした。

穴山梅雪（1541～82）　甲斐武田氏の家臣で御一門衆の一人。

まあ、もっともあの信長だって、明智光秀の心を読めなかったし、秀吉も家康が豊臣家を取り潰すなんて思わなかったでしょうから、仕方のないことですね。

一寸先は闇でしたね。まあ生き残りのために、人は変わるものですよ。穴山の変化も認めざるを得ないのかもしれません。もっとも梅雪は自分が武田家の本流の意識があったんでしょう。

我々、落語家も同じ釜の飯を食った前座時代、苦労を共にしてきても、一〇年、二〇年経つと、すっかり変わるのも致し方ないところでしょうから！

しかし、この穴山梅雪、武田家滅亡後、本能寺の変では、家康と堺見物で脱出をはかりますが、途中、家康と別れ、その後落武者狩りによって殺害されたといいますが、これ家康が抹殺したと噂が残っています。真実はどうなのでしょうか。

また、穴山梅雪は、勝頼の側近、長坂釣閑斎などと反《そ》りが合わず嫌気がさしたなんて説もありますけど……。

疑心暗鬼のなか武田勝頼は尽力したと私は思いますよ。父、信玄より強さを見せつけることにより、信頼を勝ち取ろうと躍起《やっき》になります。それが外征でした。

戦国探検隊 レポート⑭

勝頼の兄弟

武田勝頼は四男ですが、多くの兄弟がいました。

嫡男義信は、武田氏を嗣《つ》ぐはずだったが、信玄への謀反《むほん》の疑いから廃嫡され、甲府東光寺に幽閉され、死去しました。二男信親は盲目であったとありますし、三男信之も夭折したとされています。

母親は継室三条の方、三条の方は、ほかに二人の娘を産んでいます。

四男が側室諏訪御料人が産んだ勝頼、そして五男と六男は、側室油川御料人が産んだ盛信と信貞です。

五男盛信は、信濃国安曇郡の仁科氏を継承しましたが、高遠城の戦いで討ち死に。六男信貞は駿河駿東郡領主葛山氏元の養子となり葛山領を継承しました。油川御料人には、菊姫（上杉景勝の正室）と松姫の二人の娘がいます。

七男信清は側室禰津《ねづ》御料人の子で、武田滅亡後、上杉氏に寄寓《きぐう》して長寿を全うしました。

大決戦

武田軍と織田・徳川連合軍との戦い

とくに武田軍は、信長の大軍作戦とはちがって山岳戦など無類の強さを証明していました。あのころは、いたるところに山城、つまり砦《とりで》があり攻略はむずかしかったんですよ。そりゃそうでしょうよ。山の上から敵は丸見え、攻め手の犠牲は大になりますから。

こうなると兵糧《ひょうろう》攻めや調略などで仕掛けるんですが、ひとつひとつ虱潰《しらみつぶ》しに攻めるなんて困難だったでしょうね。

そこへ家康は執拗《しつよう》に挑発行為に出てきます。もうそのころ、信長も家康も信玄の死を確信していましたから。

遠江の高天神城《たかてんじんじょう》を落城させて、信玄の時代より、領土拡大していて、このときが勝頼のピークだったのかもしれませんね。で、ここに過信からくる落とし穴があったように思えて私は仕方がないのですが、織田・徳川連合軍との修羅場と化します。一進一退といっていいでしょう。

慎重な家康に対して、イケイケの勝頼は油断があったかもしれません。

芸能界でスターと称される方の多くが、大胆で、かつ小心者であると思うのですよ。二つの相反する気をもってる人が栄光をつかんでいると思いますね。

このとき、勝頼に必要だったのは、大胆不敵で細心の注意だったと思われますね。そして武田軍は地上戦ばかり目立ちますが、じつは今川家が滅んだあと、今川水軍をまとめて武田水軍も準備していたんですよ。信玄上洛のおりには、この武田水軍を動員していたんですが、勝頼の時代には最後の最後まで実践することなく終焉を迎えてしまいますが……。

一方、信長は「天下布武」へのラインを歩みはじめていました。やはり凄《すご》さは信長のスピード感でした。ワンマン体制ですからチマチマしていない。文句があったら皆殺しなんですよ。それゆえ勝利の方程式は成立していくんですが、その歪《ゆが》みが徐々に徐々に襲いかかります。これどこかの国に似てますね！　そして本能寺へと向かうのでしょう。

人の気持ち、人の気というものが、どれだけ大切か！　と

高天神城跡　高天神城は小規模ながら堅固さを誇り、武田信玄・勝頼と徳川家康がはげしい争奪戦を繰り広げた。別称鶴舞城。掛川市

いう心の読み方の弱い人だったのが信長でしたね。もっともそんなことに構っていたら進まないというのはあったでしょうから、だから常識派の明智光秀は心を病《や》んだんですよ。つまりノイローゼになっちゃったんですね。これが本能寺への引き金になったのかなあと思うことあります。

長篠の戦い

さあ、武田勝頼は一大決戦に臨みます。連戦連勝の勢いで武田騎馬軍団を引き連れて勝頼が向かったのが、あの長篠の地でした。いわゆる長篠・設楽原《したらがはら》の戦い！

この戦いのテーマは、織田・徳川の鉄砲三〇〇〇丁と武田騎馬軍団、という図式。また四万の兵信長、一万五〇〇〇の兵勝頼と補足しますが。

うがった言い方をすれば、ぜったい負けないという慢心の勝頼と自軍の弱さを認識している強さの信長の一戦とも思われますね。この合戦ほど、用意周到な作戦を立てた信長は、今までありませんでした。徹底的な防御をつくりあげます。信玄の亡霊はいたのでしょうか？

また、当時は火縄銃でして、雨による湿気が欠点としてありましたが、信長は気象情報・雨対策、そして敵方にニセの情報を流して攪乱《かくらん》戦をつづけていました。

ここで私が疑問に思うのは、なぜ、信長が自分の陣地へ誘い込んで、大規模な柵までつくらせ、二重、

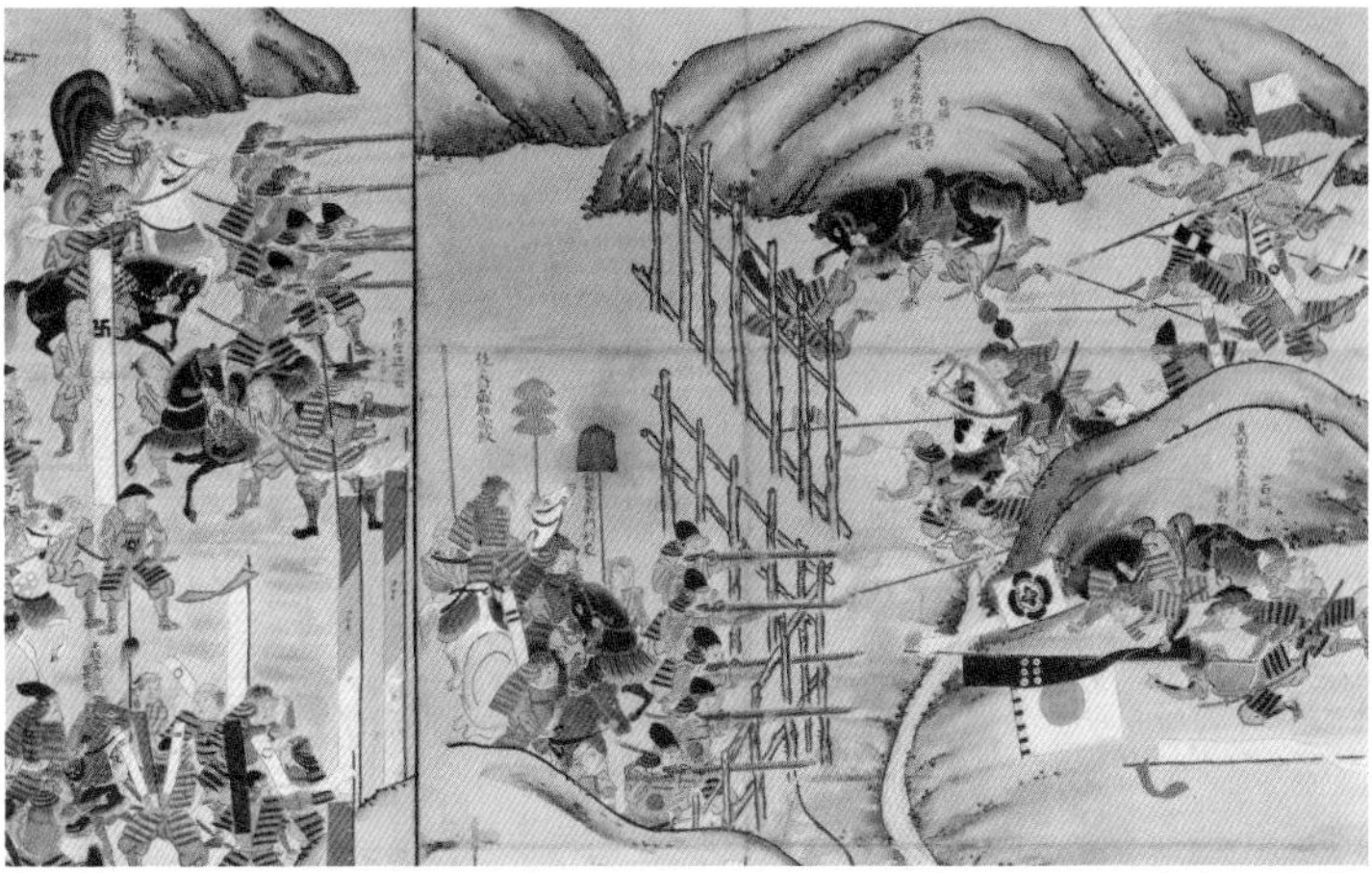

火縄銃　1575年5月、武田軍と織田・徳川軍が激突した長篠の戦いでは、鉄砲が本格的に用いられ、両軍は馬防柵をはさんで対峙している。『長篠合戦図屏風』より。

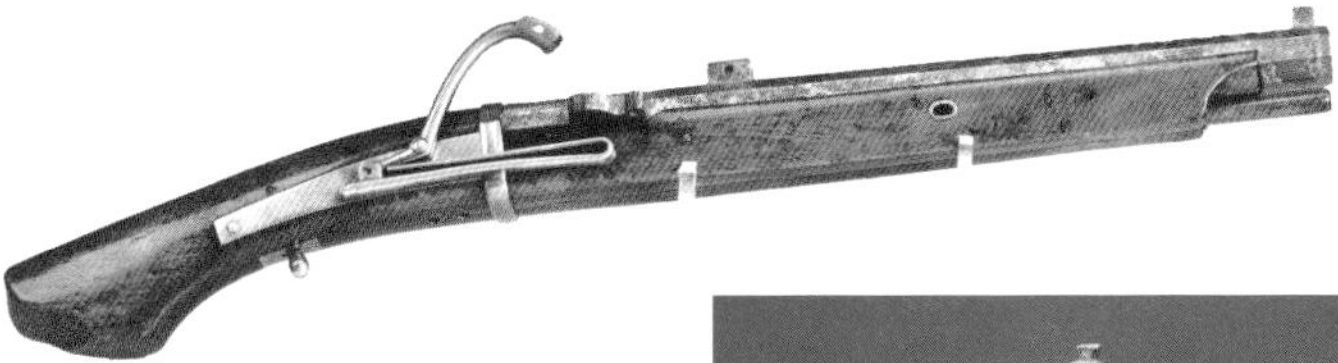

火縄銃　板ばね仕掛けに火のついた縄を挟み、引き金を引くと火縄が発射薬に接して点火する仕組み。

黄金の織田信長像　JR岐阜駅北口広場前にある。右手に種子島、左手に西洋カブトを持つ。像高3m、台座を含め11m。

長篠城址　「長篠合戦のぼりまつり」では、勇壮な合戦行列や火縄銃の実演が行われる。愛知県新城市

三重の防衛戦をとってるのに武田軍は突入したんでしょうか！　いわゆる鉄砲隊が柵になってるんだから、いまならドローンを飛ばして内部を視察しただろうけど、少なくとも、裏から攻撃できなかったんでしょうか。

　素人考えなのですが、騎馬軍団の弱点だったのでしょうか。いやそんなことはない！　山岳戦に強さを発揮する武田軍ですから、私はわからないのですよ。

　で、歴史の本の多くには、やみくもに突入していく武田に対して三〇〇〇丁の鉄砲をもつ信長の大勝利なんて書かれてますが、そんなことないですよ。だとしたら勝頼はあまりにも愚かでしょう。そんな男ではない！　中央突破して信長の陣地内に侵入して、相当数の被害を与えているんですが、守りが固すぎたので、完全突破できないでいるうちに取り囲まれて討ち死にしていく武田軍という戦いになっていったんですよ。

　当然、武田軍も柵を破壊してはいるんですけど、信長は百も承知の作戦でした。

鉄壁を誇った武田軍も、頭のなかで「負け」を意識しはじめると、総崩れとなっていきます。穴山梅雪などまったく戦力にならず、信玄の弟武田逍遥軒《しょうようけん》など逃走、そのなか武田四天王といわれた内藤昌秀・馬場信春・山形昌景が討ち死にしています。この合戦で、長老たちが撤退を主張したなかで勝頼や側近が強硬策をとったなんて話が残ってますが、本当のところはどうなんでしょうか。少なくとも、勝頼が大敗を喫したことは事実、勝頼は無念の退却をします。

八時間に及ぶ死闘は、武田家の命運をどん底に突き落としました。あの真田昌幸の兄弟も戦死してしまう。ここで確実に武田軍は、一枚岩でなく、崩れ落ちていったのが明らかになっていくのですよ。

勝頼、敗走

この合戦で、信長は二万戦死しても二万の兵が残るなんて、腹の座り方がすごいと思うのですね。味方を信用すぎた男と味方を信用しなかった男の差ともいえます。

しかし、ここで、あの信玄の遺言が、勝頼を運から見捨てることになります。勝頼は武田家の統領でない！　これが指揮に影響を与えたとも思いますよね。勝頼を気の毒に思いますね。簡単に言えば、武器を持たせず戦場へ送り出したようなもの。読者の皆さんからすれば、我が子の躾をしないで、社会へ送り出すようなもの、ですよ。

武田勝頼は、甲斐の国へ敗走しますが、これが衰退への助走となります。しかし、ここで立ち止まる勝頼ではありません。甲府の躑躅《つつじ》ヶ《が》崎《さき》館で建て直しにかかります。この敗北より七年間、甲斐を守り通したところに勝頼の非凡さをみますが、時の流れには逆らえないのですよ。弱り目にたたり目、織田・徳川が武田領内に深く侵入してきて、お決まりですが寝返りがでてきます。まあ当然ですが。

高坂弾正（1527～78）　武田氏の家臣で譜代家老衆。歌川国芳筆。

川中島の海津城で上杉対策をとっていた髙坂弾正《こうさかだんじょう》が、敗北を聞いてやってきます。

高坂弾正の改革

高坂弾正は信玄の御小姓から大出世をした男で、信頼できる男が、敗因を調べてみると信玄公以来の宿将がことごとく討ち死にしているのに、御親類衆は生き延びている事実から、この深さを知り、大改革を提案します。

わかりやすく言えば若年起用でしょうか！　新編成を提案します。また外交的にも北条・上杉との同盟をと進言しますが、ほとんどが物別れとなります。このとき、勝頼の側に高坂弾正がいれば、補佐していれば武田家の滅亡は免れたかもしれませんが、高坂は拒否します。

なぜだったんでしょうか！　信玄から北の守りに徹せよ！　の言葉が重すぎたのでしょうか！　それはともかく、『甲陽軍艦』は、この高坂弾正の口述が元になっているといわれています。

岩村城　別名「霧ヶ城」。奈良県の高取城、岡山県の備中松山城と並び、日本三大山城のひとつとされる。岐阜県恵那市

内部分裂がはっきりしてきた武田家、父信玄が臨終のとき残した言葉「困ったら上杉謙信を頼れ！」。私なら、かつて宿敵村上義清が謙信を頼って越後に逃げ込んだように、勝頼もそうすればよかったと思うんですが。源氏の名門のプライドが許さなかったんでしょうね。まして先祖代々の土地、甲斐の国を捨てるなんてことはできなかったんですよ。

一方、重臣の穴山梅雪は、家康と結託しているんですよ。勝頼がかわいそうだね。

梅雪は、賢者の真田昌幸を遠ざけるために、新府城建築の担当者にさせるんですよ。

いまさら、城で信長の猛攻に耐えられるわけはないのに、そのため、莫大な費用は領民を苦しめて武田家への忠誠はうすれていくのですよ。

一方、岩村城落城。木曽義昌、この人、木曽義仲の子孫といわれていますが、謀反《むほん》をおこし二俣城《ふたまたじょう》開城など、武田家は弱体化していきますが外交で手を打ちます。北条・上杉と反信長連合を再形成します。

武田家滅亡への道

信玄・謙信と信長の違い

武田信玄のライバルだった越後の上杉謙信が、京へ進軍します。

謙信の狙いは、あくまで足利幕府の再興にあったといいます。だからそれを邪魔する織田信長を討つという目的だったといわれます。手取川の戦いで、織田方の柴田《しばた》勝家《かついえ》を撃破し、信長軍を恐怖に落とします。

ところが、信玄同様、この謙信も上洛目前で亡くなってしまうんですよ。

いやあ、歴史の不思議。この稀有の二人の大物の死去、単なる運命のイタズラとして処理できませんね。信玄・謙信はともに五〇歳前後ですよ。摩訶不思議なんですよ。神を信じない信長に神様は味方したんでしょう。

上杉謙信（1530～78）　春日山城の方角を見据えているかのようだ。山形県米沢市

ただ「軍神」上杉謙信といえども、信玄同様、最終的には信長に勝利の軍配はあがったと私は思います。やはり経済力の差でしょう。長篠の合戦のとき、推定ですが武田も一五〇〇丁の鉄砲を所持していたといいます。

ただですね、鉄砲玉が信長は鉛だったのに対し、武田は銅、銅銭を溶かして玉にしていたのだといいます。ちなみに永楽通宝《えいらくつうほう》などでした。

永楽通宝　室町時代に輸入され、江戸時代初頭まで流通。永楽銭・永銭とも。

その点、信長は堺を統治していましたから、補充は万全だったんですよ。

信玄・謙信は一発勝負なら信長に勝てますが、一〇回勝負なら信長の逆転勝ちでしょうか！。

また、信長の先見性にだれもかなわないでしょう。琵琶湖のほとりに前代未聞の大天守閣をもつ安土城の建築ですよ。城のもつ威厳を強調させ、視線で威圧させているんですよ。まして安土城は平山城《ひらやまじろ》でしたから、遠くからでもその存在は知ることができたと思いますね。ここに信長の近代化を読み取れるんですよ。この考えを信玄・謙信はもち合わせていなかったですよ。

これを一歩進めたのが秀吉の大坂城ですね。もっとも信長も大坂築城計画をもっていたといわれています。まあ二人ともスケールがデカイ！

裏切りと勝頼の覚悟

謙信死去により、信長も一安心。しかし、上杉家の跡目争いがおこります。甥にあたる上杉景勝と、北条家から養子に入ってる上杉景虎、これを御館《おだて》の乱《らん》といって金欠病だった武田家は、景勝に味方してしまう。そのため北条と敵対関係になってしまって、滅亡への道が加速してしまう結果になるんですが……。

新府城　七里岩台地上に立地する。機能も規模も躑躅ヶ崎館と同程度であり、政庁機能があったと考えられる。山梨県韮崎市

結果論ですが、景虎に味方して北条・武田・上杉の三国同盟を強固にする手はあったと思います。しかし、難しいところでした。そして万全を期して、織田方は信長の嫡男信忠を総大将として、甲斐へなだれ込んできます。そのとき、機を見るに敏感な穴山梅雪が裏切ります。

また、完成して間もない新府城《しんぷじょう》も焼き払います。あーもったいないなあ！「ちきしょう!!」小梅太夫より。（笑）

逃亡者、寝返り者多しなか、最後は御親類衆の小山田信茂。信州の真田昌幸は、「堅城岩櫃《いわびつ》城へぜひお越しください」と城も修復して用意していましたが、それまでの信州武士の裏切りもこた

岩櫃城　1582年、勝頼が信長・家康勢に攻められて劣勢となると、真田昌幸は勝頼を迎え入れて巻き返しを図った。群馬県東吾妻町

えたんでしょう。そして武田の誇りとして、最後は甲斐の国と決めていたのかもしれませんね。

真田昌幸って度胸ありますし、信義の男、魅力ある男ですよね。一、二か月は持ちこたえる算段はあったといいます。そして外交術を発揮させ、和睦という手を考えていたのかとも推測しますが、しかし、武田勝頼が最後に頼ったのが小山田信茂だったんです。

このとき、お供の数一〇〇名ほど。それも女・子どもも入れてですから、もうボロボロ。小山田の岩殿城《いわどのじょう》へ向かうのですが、信茂も信長と通じていて、裏切るんですよ。

そして終焉の地、天目山《てんもくざん》へ向かう武田勝頼。そのとき、頭の中でどんな思いが駆けめぐったんでしょうか！　何を考えたのでしょうか！　無念ですか！　未練ですか！　恐怖ですか！　もしくはやりとげた充実感でしょうか！　北条家から嫁いできた北の方、息子信勝ともども自刃《じじん》し、勝頼も討ち取られ、ここに名門武田家は滅亡してしまいます。

岩殿城　別名、岩殿山城。小山田氏の居城として知られる。大月市

一方、勝頼の弟、仁科盛信は、伊那の高遠城にて最後まで抵抗、ひとり残らず討ち死にしたといいます。壮絶な死に様だったといいます。

この高遠城、春になると桜が美しく咲き誇ります。その散り際がこの城の最後にふさわしいからでしょうか。

映画『思えば遠くへ来たもんだ』のロケ地ともなり、またプロゴルファーがキャンプ地に選ぶんだそうです。何故か！　高遠、高く遠くからと縁起をかつぐんだそうです。

江戸時代の一大スキャンダル、江島《えじま》生島《いくしま》事件の江島も、ここに幽閉されていました。

武田家の戦後処理

武田家は滅亡はしたんですが、信長の嫡男織田信忠は、お父さんそっくり。投降すれば、賞を与える約束しても、皆殺しにしてしまう徹底ぶりでした。一方、信玄に対して尊敬の念をもっていたといわれる徳川家康は、のちに甲斐・信濃を治めますが、このとき、武田家遺臣を多く召しかかえたといいます。

戦後処理にこれほど開きがあったこと、皆さん覚えていてくださいね。

恵林寺　武田氏の菩提寺。山号は乾徳山。織田に焼き討ちにあった際、燃え盛る三門の上で快川和尚が「心頭を滅却すれば火も自ら涼し」と言って焼死したという。甲州市

武田家の赤備えといって、当時、貴重な赤を武具に使い、目立つこの軍団は最強と謳われ、敵方を震えあがらせるものでした。その後、真田幸村が大坂の陣のときに赤備えを編成し、またのちに徳川四天王の井伊直政が武田側の山県隊の旧臣たちを召しかかえ、それより、井伊の赤揃えとして、各地で奮戦してからは、井伊の代名詞ともなりました。

この井伊家、幕末には安政の大獄を指揮した大老井伊直弼《なおすけ》が彦根藩主として君臨します。この城のゆるキャラ、ひこにゃんは人気者ですね。

また信玄の菩提寺恵林寺《えりんじ》は、快川《かいせん》和尚を入れさせてから寺勢を高めましたが、武田勝頼亡きあと、遺臣をかくまったため織田勢から焼き尽くされます。生きたまま閉じ込めて殺してしまう。ヒドイ！！。燃えるなか、快川和尚は、「心頭滅却すれば火も

快川和尚（1502～82）　諱は紹喜。1564年、武田信玄に招かれて恵林寺に入寺する。

自ずから涼し」と言葉を残して一〇〇人以上と言われた僧侶とともにこの世を去ります。

一度訪れたことがありますが、禅宗らしい落ち着きのあるお寺で、禅宗の駒沢大学出身の私が言うので信用してくださいな！（笑）

この恵林寺も、春になると、見事な桜が訪れた人をなごませてくれるそうです。

最後に、薩摩の島津家と並ぶ源氏の名門武田家を滅亡させてしまった武田勝頼は天国の父信玄に再会したとき、どんな顔をして会ったでしょうか！

私は、胸を張って報告したんではないかと思うのですよ。勝頼は凡将ではないのは明確ですよ。御親族衆に足を引っ張られたけれど、若き天才ですよ。会社において二代目の舵取《かじと》りは難しいもの。ただ武田勝頼には時の運がなかった！　父信玄が運を吸いつくしてしまったのかもしれませんね。

武田勝頼、私は貴方が好きですよ。貴方の評価はもっともっと上がっていくでしょう。

武田騎馬軍団、この後、徳川家康がみずらの軍団に組み入れて、その心も継承して江戸時代へと流れていくのです。

甲府城

甲府駅徒歩五分ほどのところにある甲府城、別名を舞鶴城といい、日本百名城のひとつです。

いまでは、甲府城も桜の名所で、本当に城と桜は似合いますね。稲荷櫓など、遠方に見える富士山の眺めは秀逸ですね。

甲府城は、武田氏滅亡後、豊臣秀吉の命により築城されました。関東の徳川家康に対抗するための重要な戦略拠点だったのです。

徳川幕府の時代には、西側への備えとして重要性をもちつづけ、将軍家一門が城主となります。

また、幕末にはあの新選組の近藤勇が甲陽鎮撫隊《こうようちんぶたい》として、官軍の板垣退助《いたがきたいすけ》との攻防をくり広げた城でもあります。

甲府城は、古くは「甲斐府中城」「一条小山城」「舞鶴城」「赤甲城」などとも呼ばれていました。

かつては二〇ヘクタールほどの広大な城郭でしたが、現在は、城跡の一部が「舞鶴城公園」「甲府市歴史公園」として開放されています。

甲府城鉄門（復元）　甲府城本丸の南側に建築された２階建ての櫓門が鉄門で、復元されて公開されています。２階櫓の内部も見学できます。甲府市

言わずと知れた武田信玄の影武者のストーリー。

戦国時代、似た人物を影武者として用意していた話は、いまも伝わっていますよ。首を討ったもののニセモノだったなんて話はありますよね。当時は顔なんて知らなかったから、ありうる話なんです。

映画「影武者」

映画『影武者』は、世界の黒澤明が当初、信玄を若山富三郎《わかやまとみさぶろう》に、影武者を勝新《かつしん》太郎《たろう》にとキャストしたのですが、若山に断られ、勝新の二役で進めるつもりでしたが、黒澤と勝が衝突！　急遽、仲代達矢《なかだいたつや》が代役になったという話は有名です。

事情通の方にお聞きしたところ、封切り前に、試写会に勝新太郎は足を運んだそうですよ。しかし黒澤は会わなかったとか。また、ある人が、「勝さん、なぜ、そのとき黒澤さんに頭を下げなかったんですか？」の問いに、「勝新太郎なら頭を下げた、しかし武田信玄は頭を下げられなかった！」と言ったとか。

ちなみに、このときの武田勝頼役は萩原健一、信玄の孫の名前は竹丸でした！

桂竹丸の戦国ひとり旅

第四章 — 石田三成編

ピュアな心の持ち主、石田三成の生きざま

一六〇〇年、関ヶ原の合戦、「天下分け目の戦い」と言われますが、これ日本人の忠義心の分け目だったんではないでしょうか！　正義を信じた西軍の大将石田三成に対して、勝利イコール正義だと信じた徳川家康の戦いという図式が見えてきます。

ピュアな心の持ち主三成が老獪《ろうかい》な家康の前に屈服したということでしょう。

家康の戦略は、豊臣恩顧《おんこ》の大名の仲間割れに勝機をみつけ、永年の三成憎しの大名に、ただ恨みの二文字で家康の東軍へ引き入れることでした。もっとも三成の軍門に下っても将来が見えないこともあったでしょうし、三成の文治派に対し加藤清正《かとうきよまさ》・福島正則《ふくしままさのり》らの武断派は、生き残りをかけて家康に与《くみ》して正当性を主張したわけですよ。

主流派になりつつあった三成は、秀吉の恩に報いるため豊臣家の継続に命を賭けたのに対し、武断派の大名たちも、家康に味方すれば豊臣家が滅びることは百も承知のうえで、みずからのお家存続のため、石田三成を悪役に仕立て上げます。まあ仕方のない選択だったのでしょう。

石田三成の略系図

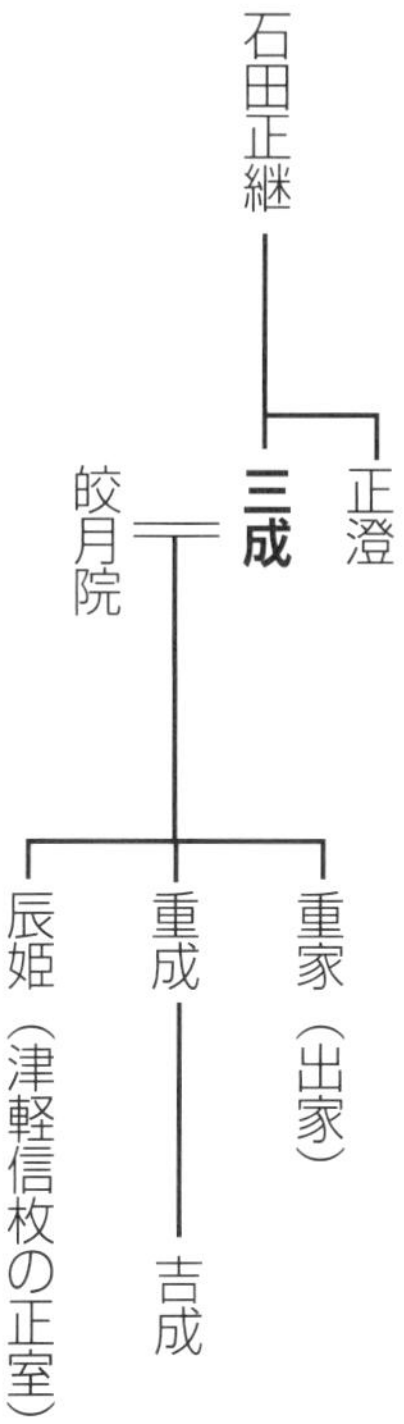

石田三成

石田三成ゆかりの地・長浜と関ヶ原を訪ねて

石田三成は、現在の滋賀県長浜市石田町で生まれました。羽柴秀吉が近江長浜城主となると、三成は小姓として仕え、能力を発揮します。秀吉が亡くなると、徳川家康打倒のために決起しますが、関ヶ原の戦いで敗れてしまいます。

ここでは、三成ゆかりの長浜や関ヶ原をご紹介します。

長浜城　1573年、羽柴秀吉が築城。秀吉の最初の居城で、秀吉の領国経営の基礎を醸成した場所とされる。城内の水門から船の出入りができるようになっていた。滋賀県長浜市

秀吉と三成　鷹狩りで立ち寄った秀吉に三成が茶を献呈する場面。JR長浜駅前

石田三成（1560～1600）　豊臣政権五奉行の一人。能吏であった。

関ヶ原古戦場　関ヶ原合戦のなかでもとくにはげしい戦闘が行われた場所。石碑や、徳川家・石田家の家紋入りの旗が建てられている。岐阜県関ヶ原町

島左近・石田三成の陣跡　決戦地北西、笹尾山の「石田三成陣跡」。竹矢来・馬防柵が復元されている。

西首塚（左）と東首塚（右）　約8000人の戦死者を弔う二つの首塚。JR関ヶ原駅下車

【石田三成関連年表】

和暦	西暦	石田三成年表	できごと
天文12	1543		ポルトガル人、種子島に鉄砲を伝える
天文19	1550		ザビエル、山口で布教
弘治1	1555		倭寇、中国内陸部に侵入4千人余殺す／加賀一向一揆、朝倉教景と戦う
弘治2	1556		朝倉義景、加賀一向一揆と和睦
永禄1	1558		木下藤吉郎、信長に仕える
永禄2	1559		ガスパル＝ビレラら豊後より上洛して布教を行う
永禄3	1560	石田正継の次男として誕生	信長、桶狭間に今川義元を襲撃。義元敗死
永禄4	1561	2歳	上杉謙信、武田信玄と川中島で戦う
永禄8	1565	6歳	将軍足利義輝、暗殺される
永禄11	1568	9歳	信長、足利義昭を奉じて京都に入る
元亀1	1570	11歳	信長敗走（金ヶ崎崩れ） 信長、家康とともに浅井長政、朝倉景健を姉川に破る
元亀2	1571	12歳	信長、比叡山を焼き討ち
天正1	1573	14歳	室町幕府滅亡／小谷城落城
天正2	1574	15歳 羽柴秀吉に仕官し小姓として仕える	
天正3	1575	16歳	長篠の戦い
天正4	1576	17歳	信長、安土城を完成
天正5	1577	18歳	信長、安土城下を楽市とする／千宗易（利休）、今井宗久らを招き茶会を催す

生没年

織田信長（1534 ～ 1582）

豊臣秀吉（1537 ～ 1598）

徳川家康（1543 ～ 1616）

石田三成（1560 ～ 1600）

天正6	1578	19歳		北条氏政、武蔵世田谷新宿を楽市とする／越中亀谷銀山発見
天正8	1580	21歳		信長、大和に滝川一益らを派遣して検地指出を徴収する／春・夏諸国に疫病流行
天正9	1581	22歳		京都大洪水、四条大橋流される
天正10	1582	23歳		天目山の戦い（武田氏滅亡）／本能寺の変／山崎の合戦／
天正11	1583	24歳	一番槍の手柄	賤ヶ岳の戦い（柴田勝家・市自害）
天正12	1584	25歳	近江国蒲生郡検地奉行	小牧長久手の戦い
天正13	1585	26歳		秀吉、関白となる
天正14	1586	27歳	島左近を召し抱える	
天正15	1587	28歳		聚楽第、ほぼ完成
天正16	1588	29歳		秀吉、刀狩令・海賊禁止令発布
天正17	1589	30歳		秀吉、駿河・甲斐・長門・周防・土佐・九州で検地を行う
天正18	1590	31歳	小田原征伐に参陣	
文禄1	1592	33歳	朝鮮出兵の総奉行を務める	
文禄4	1595	36歳	正式に佐和山城主に	
慶長1	1596	37歳	京都奉行、キリシタン弾圧を命じられる	慶長伏見大地震
慶長2	1597	38歳	慶長の役において国内での後方支援で活躍	
慶長3	1598	39歳		秀吉死去
慶長5	1600	41歳	六条河原で斬首	関ヶ原の戦い

羽柴秀吉との出会い

文治派・石田三成

実務に優れた石田三成に、戦場で暴れまくっていた武将たちも、見事な采配は認めていたでしょう。簡単に言えば、東大生にコンプレックスをもつスポーツ漬けの学生みたいなものかもしれません。スポーツ学生は、そのスポーツの分野の自負をもてばいいのに、つまりこれは、男の嫉妬《しっと》なのかもしれません。ですから何がなんでも石田三成を討たないとプライドが許さなかったのかもしれないと思うんですよ。

三成が去り、日本の良心がなくなり、徳川の世に「悪」が生き残ったままになり、それを江戸の庶民は、文化で抵抗したのではないか！　歌舞伎や講談・落語などもそのひとつと私は思うのですが……。

近江国の生まれ

さて石田三成の誕生ですが、近江の国石田村（現、滋賀県長浜市石田町）、永禄三年（一五六〇）のことです。織田《おだ》信長《のぶなが》が今川義元《いまがわよしもと》を討ったあの桶狭間《おけはざま》の戦いのあった年ですね。

近江は、古代より、政治・経済の注目すべき地で、大和朝廷でも重要な拠点として、たびたびその名

石田三成（1560～1600） 滋賀県長浜市石田町で誕生した。幼名は佐吉。

は登場してきました。

皆さん、近江の国、いまの滋賀県の代名詞は琵琶湖《びわこ》です。昔、山国に住む人は生涯、海を見ることなく人生を閉じた人もいたでしょう。そんな人にとって、琵琶湖は海を眺めるような気持ちだったでしょうね。私も小学生のときに琵琶湖へ泳ぎに行った思い出でありますが、これを海と言わずして何を海と言うのでしょうと思うぐらい、子ども目線で海を思いましたものです。

あの武田《たけだ》信玄《しんげん》は、駿府《すんぷ》の今川氏真《いまがわうじざね》を討って駿河《するが》湾《わん》を見たとき、感動したといいます。

またのちに織田信長が安土《あづち》の小高い丘の上に、豪華《ごうか》絢爛《けんらん》を絵に描いたような安土城を建造しますが、天守から見た琵琶湖にはご満悦だったでしょう。まさにオーシャンビューですよ。後日談ですが、信長は安土城のあとは石山本願寺の地に大坂城を、という夢をもっていたんですって。これを踏襲して大坂城を築城したのが豊臣秀吉《とよとみひでよし》といわれています。

さて三成の父は、石田正継《まさつぐ》。北近江の名流京極《きょうごく》氏の家臣であったとか。当時は、石田村の地侍《じざむらい》として住んでいました。

大原観音寺　石田三成と羽柴秀吉の出会いの地。鷹狩りで立ち寄った秀吉に寺の小僧の三成が茶を献じたとされる。滋賀県米原市

秀吉と違って武士の出身だったのです。

当時の武士の倅《せがれ》は、寺で修業したり、稚児《ちご》小姓をしながら手習いをするのが、立身出世の近道でした。有名なところでは、越後の上杉謙信《うえすぎけんしん》、駿河の今川義元《いまがわよしもと》、また足利一五代将軍足利義昭《あしかがよしあき》などがそうでした。

例にもれず、幼名佐吉《さきち》ですが、諸説あって観音寺《かんのんじ》で寺小姓として学んでいたらしい。才ある男だったそうです。戦国の世に、この男はチャンスを狙っていたんでしょう。そしたら運命がやってきます。近江の長浜城《ながはまじょう》の城主に羽《は》柴《しば》秀吉《ひでよし》が乗り込んできます。

長浜は、これも諸説がありますが、昔は今浜といっていたのですが、これを信長の一文字を取って「長浜」にしたという話があります。

秀吉は出世が早くて、まして農民、百姓の出でありますから、人材起用が急務でした。

ですから、秀吉と三成が接近するのは、時間の問題だったでしょう。

「三献の茶」

秀吉は、親戚の子どもとか、家来の子の面倒をみて育てていました。これは当時よくあることで、まあ寄宿生活のようなものです。これが加藤清正・福島正則・黒田《くろだ》長政《ながまさ》などといった連中で、このやんちゃなメンバーの世話をしていたのが、秀吉の女房ねね、のちの北政所《きたのまんどころ》でした。ですから関ヶ原のとき、家康が母親のような存在の北政所に、東軍に味方するよう要請したとか、しなかったとか！　これ、いまもわからんのですが！

この人たちは秀吉の家来のなかでも尾張閥で、長浜城にきてから近江閥の人材登用をします。というのも、戦争というのは、戦略と戦術の二頭体制で、清正たちはのちに「賤《しず》ケ《が》岳《たけ》の七本槍」と呼ばれるほど戦場で勇猛果敢に暴れまくる頼もしい戦士でしたが、戦国時代も後半になると、戦いの規模が大型化してきて、武器・食料の調達など、そろばんをはじく家来が必要となってくるのです。

昔から日本三大商人は、大坂商人、伊勢商人、そして近江商人といわれていますが、近江の商売上手には定評があり、三成も優れた男だったのでしょう。

秀吉という男は、武断派と文治派のバランスを取り、日本統一を進めていくんですが、のちに九州島津攻め、小田原北条攻め、そして太閤検地《たいこうけんち》の遂行には、この三成のソロバン勘定がなければ成功はなかったんです。信頼は大きなものとなっていきます。

さて、当時の武将も、鷹狩りと称して領内の調査、また人材登用などをやっており、三成は長浜城主羽柴秀吉がこの観音寺に立ち寄る情報をキャッチします。一服する秀吉にこの好機をチャンスとして近づきます。これが有名な「三献《さんこん》の茶」ですね。

秀吉、最初に「のどの渇きにぬるいお茶が心地よいのー」「もう一杯くれぬか！」。三成はつぎの作戦で「うむ。こんどは少し熱めのお茶か！　茶の旨さが引き立つわい」。秀吉が「もう一杯だけ頼む」と言うと「こんどは熱くして濃いお茶か！」「旨いお茶であったぞ。礼を言うぞ！」三成の作戦大成功‼

この後、秀吉がこの気の利《き》く茶坊主をスカウトしたとか！　また三成みずから売り込みをしたとか、いろいろな話が残っていますが、この「三献の茶」によって秀吉に見込まれたのは事実ですね。

皆さん、三成という男は大谷義継《おおたによしつぐ》という盟友のときもそうでしたが、お茶が人生を良き道へと導いてくれているんですよ。学生時代に日本史の先生が、お茶で人生を変えることがあるんだからお茶は大切にしなさいと力説してましたよ。だから先生のことを〝ティーチャー〟と言うでしょ……嘘です（笑）。

我々落語家も前座修業時代には師匠方にお茶をまず出すという、これが最初の仕事で、古参の師匠方は注文がバラバラで、熱いのが好き、いやぬるいのが好き、いや水がいい！　なんて、これを間違えると出来の悪い前座となります。よく地方公演へ参りますと、主催者が気を遣ってくれて、座ぶとんの横にお茶を用意をしてくれる場合がありますが、三遊亭円生師匠・立川談志師匠、そして兄弟子桂歌丸師匠は高座中、喉を潤してましたが、あれはお茶でなく、白湯《さゆ》なんですよ。参考までに‼　昔は茶柱なんかあって喉にひっかかって、なんてことがあったからでしょうね。

本題に戻りましょう。

大谷吉継との出会い

石田三成が一五歳のときです。長浜城へ上がりまして持ち前の才覚で頭角を表わします。計算能力に長けていたので、まあ戦さ上手の仲間からすれば嫉妬が生まれたでしょうね。

出る杭は打たれる、ただ出過ぎた杭は打たれないんですよ。

近江の要所、長浜城を守る秀吉は多忙をきわめます。しだいに家来のなかでも加藤清正・福島正則らの武断派と三成や小西行長・増田《ました》長盛《ながもり》らの文治派、つまり尾張閥対近江閥の争いがくすぶりつづけます。

分裂の灯は徐々に大きくなっていきました。昔、観音寺の和尚が若きころの三成に説いていたとおり、「お前は学問ができることを鼻にかけ過ぎる。人との和をもっと重んじなさい！」。

しかし三成には理解できなかったんでしょう。この性格が、関ヶ原で、痛い目どころか、死への導火線となっていくのですよ。それでも筋の通った男、純真な心をもつ男、秀吉への恩義を忘れぬ男、悪く言えば不器用な男に対して嫌う者も多くいましたが、秀吉の小姓《こしょう》として組み込まれる大谷吉継《おおたによしつぐ》との出会いは三成の財産となります。義継、このとき大谷平馬は、三成の良き理解者となります。後年、関ヶ原のときの影の名参謀となります。頼もしい男ですよ。

で、長浜城で元服して、晴れて石田三成の誕生となります。

秀吉はこの三成の才覚を認めていて、出世のひとつの目安は知行《ちぎょう》つまり土地であるのが常なんですが、あるとき「知行をやろう！」と秀吉が言いますと、「宇治川や淀川の葦《あし》や萩《はぎ》に税金をかける権利をお許しいただきますように！」と三成は願い出ます。当時、それらは肥料や燃料など使い道多用で、たいへん重宝なものでした。そこに目をつける商才ある三成だったのです。

戦国時代の恩賞は、土地、そしてそのころ流行しはじめた茶器などでしたが、商業から金を誕生させる策を三成は考えていくのですね。

あの上杉謙信ですら関東出兵には兵士たちに略奪を容認していたくらいですから、三成がいかに開明的だった

竹中半兵衛（1544～79） 名は重治。軍師。羽柴秀吉の参謀として活躍した。

黒田官兵衛（1546～1604）　名は孝高、号は如水。軍事的才能に優れる。

かがわかりますね。

戦さ自体が大型化していくには、その戦略的手腕は大切で、秀吉の予想以上の差配をみせていた三成は、やはり天才だったのでしょう。しかしここに落とし穴があって、しだいに才に溺れていったのかもしれませんね。

まあ、周りがバカに見えたのかもしれませんね。落語家のある先輩で頭がいい師匠がいて、ずっとバカを演じていたら元に戻らなくなった人がいますが！　知らんけど⁉

秀吉の集めた軍団は順風満帆のようでした。軍師には前半、竹中半兵衛《たけなかはんべえ》、後半は黒田官兵衛《くろだかんべえ》、戦場では加藤清正・福島正則などの豪傑、実務として石田三成・大谷義継などの充実した家臣団でした。一方、親分織田信長は、宿敵・甲斐《かい》の武田勝頼を滅ぼします。

本能寺の変以後の秀吉と三成

中国大返し

さあ、つぎは中国地方の毛利攻めと進行しますが、信玄以来の武田家の滅亡でホッとしたのか！　油断が生まれたのかもしれません。

天正一〇年（一五八二）六月二日、本能寺です。

明智光秀（1516 ?～82）　1571 年の比叡山焼き討ちに貢献し、坂本城の城主に。

本能寺は単なるお寺ではなく、堀もあり、イザというときには戦闘体制もとれるお寺だったんです。

防衛体制をとるお寺は多くて、江戸時代日光の東照宮《とうしょうぐう》や伊達《だて》藩松島の瑞巌寺《ずいがんじ》など、そうであったと言われています。

明智《あけち》光秀《みつひで》、一万五〇〇〇の軍勢が本能寺を取り囲みます。一方、本能寺の信長の兵力は、一〇〇名ほど、そのなかには女性もいたわけで、これはたまったもんじゃない！

風雲児織田信長死す。つづいて京の二条城にて善戦した長男、織田信忠《のぶただ》も死す。

そのころ、毛利方の備中高松城《びっちゅうたかまつじょう》を水攻めしていた秀吉軍は、主君の死を知り、毛利に内緒で和睦を進め、あの有名な「中国大返し」を強行します。このスピードの速さが明智光秀を追い詰めていきます。俗に光秀の「三日天下」といわれていますが、三日でも天下をとれば立派なものと思いますが……。

この中国大返しですが、もちろん三成の面目躍如《めんもくやくじょ》、武具を船で運ばせたり、夜中の灯などを各村々に配置したりして、あまりの速さに、秀吉は本能寺の変を事前に知っていたんではないか！　との説もありますね。

ただこの三成の手腕は大したものです。

途中、姫路城に寄る秀吉軍、いまの姫路城は関ヶ原の戦いののちに城主となった池田《いけだ》輝政《てるまさ》が大規模な城郭に仕上げて、その美しさから白鷺《しらさぎ》城と呼ばれ世界遺産に認定されていますが、昭和の大修理で、まばゆいぐらいの白亜色に変貌してしまいましたね。ちなみに暴れん坊将軍で松平健さんが登場する江戸城はこの姫路城を使用していることが多かったですね。

子どものとき、国道二号線からライトアップされた姫路城を見たことがありましたが、その荘厳さはほんとうに見とれるほどの美しさでしたよ。

本能寺のあと、秀吉は信長の孫三法師《さんぼうし》、のちの織田秀信《ひでのぶ》の後継者となり、豊臣政権のはじまりとなります。先輩柴田勝家《しばたかついえ》、信長の妹お市《いち》の方《かた》連合軍と戦いを挑んでいくわけです。

賤ヶ岳の戦い、武断派の加藤清正・福島正則・片桐且元《かたぎりかつもと》・加藤嘉明《かとうよしあき》ら「賤ヶ岳の七本槍」と呼ばれる武将たちの大活躍、一方、石田三成たちは物資の補給にスピード性をもたせます。まあ電光石火といっていいでしょうね。

柴田勝家は、越前北庄城《きたのしょうじょう》に撤退して、女房のお市の方とともに自害します。このときの娘、三姉妹の命は助けられます。この長女が秀吉の側室となった淀君《よどぎみ》、豊臣秀頼《ひでより》のお母さんです。

二三歳で城持ち大名に

そして長浜城における論功行賞で、三成はなんと近江、水口城《みなくち》四万石の城主になるのです。城持ち大名ですよ。すごい出世！　二三歳でした。

ここで三成が立派なのが、戦場における戦いが不得手である己《おのれ》の弱点を知っていたことです。そこで三成は、大和の実力者筒井定次《つついさだつぐ》に仕えていたのですが不仲となって浪人の身となっていた島左近を、三顧《さんこ》の礼をもって迎えるのです。このとき、三成の石高の半分の二万石で召しかかえたという逸話が残っていますが、本当のところはどうだったんでしょう。

しかし、この豪腕の加入によって、自分の欠如したところを解消して、勝利の方程式を確立していくのです。

また、出世した三成は、佐和山城二四万石に転封されたときも、左近に「半分を」と言うと、こんどは左近が、「イヤイヤ、二万石で充分です！」と返したとか！

泰平寺　1587年の九州征伐に際し豊臣秀吉がここを御座所として接収、島津義久降伏の舞台となった。薩摩川内市

「三成に過ぎたるものがふたつあり、島の左近に佐和山の城」

と言われました。

一方、秀吉は、徳川家康との小牧《こまき》・長久手《ながくて》の戦いで引き分け、つづいて朝廷より関白《かんぱく》に任じられることで、地盤は固められていきました。ちなみに秀吉は足利一五代将軍義昭の養子となって、征夷大将軍を本当は狙っていたなんて話もありますが……。

石田三成自身も治部少輔《じぶのしょう》に任命され、そのとき二六歳。豊臣家の五奉行のひとりにもなります。文治派の頂点まで登りつめたといっていいでしょう。すごーい！

すぐさま秀吉は九州島津攻めにも二〇万の大軍を二手に分け、いまの国道三号線と国道一〇号線を南下させ、あっという間に平定してしまうのです。もちろん三成も参戦します。

ちなみに、このときの和議の場所となったのが、いまの薩摩川内《せんだい》市の泰平寺《たいへいじ》で、そのときの碑が建てられていますよ。

戦国探検隊レポート⑰

島左近

島清興は、大和国の大名筒井《つつい》定次《さだつぐ》の家臣で、のちに石田三成の家臣となっています。通称は左近で、一般には島左近の名で呼ばれています。

三成に三顧の礼をもって迎えられ破格の高禄を食《は》む側近として仕え、「治部少《じぶしょ》輔《う》（三成）に過ぎたるものが二つあり、島の左近と佐和山の城」と謳《うた》われるほどの逸材だったと『古今武家盛衰記』にあります。

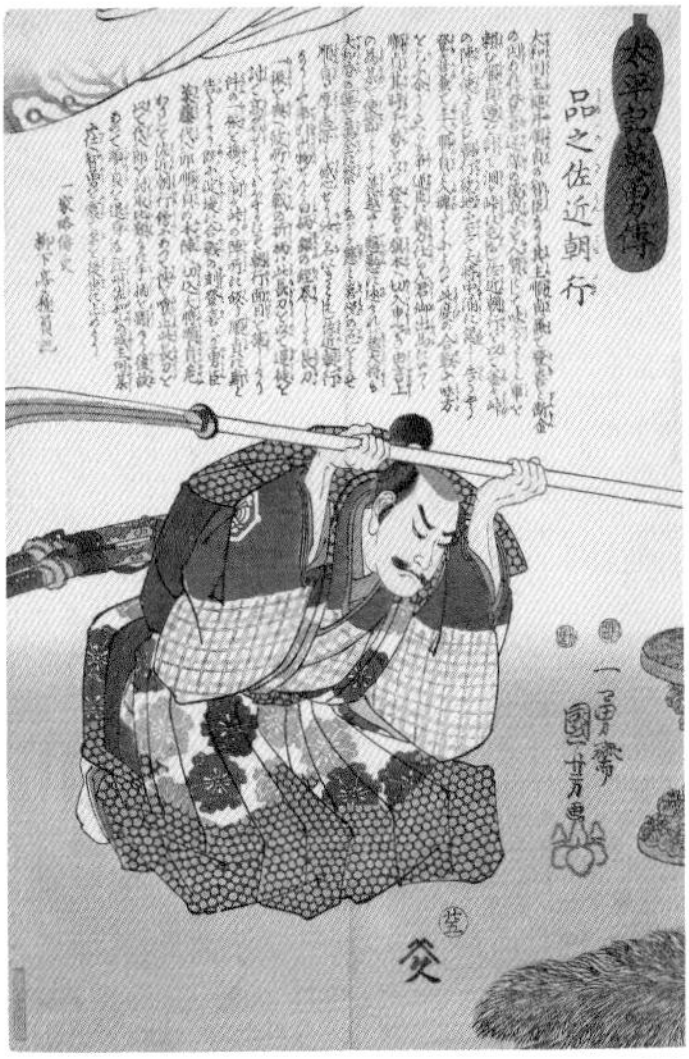

島左近（1540～1600？） 歌川国芳画「太平記英雄伝　廿五　品之左近朝行」

関ヶ原の戦いでは、左近もみずから陣頭に立って闘ったと伝わっています。その最期については、黒田長政軍の菅正利《かんまさとし》率いる鉄砲隊に横合いから銃撃され負傷

島左近の墓　二つの五輪塔を組み合わせており、下部が通常の五輪塔の火輪部分である。彼岸には一面に彼岸花が咲き、左近花と呼ばれるという。対馬の島山島。

し、死去したという説、正面の黒田長政・田中吉《たなかよし》政《まさ》軍に突撃し、敵の銃撃により討ち死にしたという説があります。

　墓は、奈良市の三笠霊苑内や京都市の立本寺《りゅうほんじ》塔頭教法院などにあります。対馬の島山島《しまやまじま》にも墓所とされるものが存在します。

　娘の珠は柳生利厳《やぎゅうとしとし》の継室となっており、連也斎の名で剣豪として名高い柳生厳包《としかね》（兵庫）は左近の外孫になります。

秀吉の懐刀に

忍城攻めの失敗を糧に

そして仕上げは関八州の雄小田原城の北条攻め、このときも二〇万の大軍で陸から海から包囲します。降伏をしない北条氏政《うじまさ》、氏直《うじなお》親子に対し、小田原城を見下ろすところに石垣山城をあっという間に築城してしまう。度肝《どぎも》を抜かれたことでしょうね。

このころには秀吉サイドは資材を統一していて、プレハブ工法を採用していたので、スピード感があったんですね。もちろん三成の金や物資の調達も見事だったのですよ。

ただ、ここにひとつ興味深い話が残っていて、関東七名城といわれた忍《おし》城攻略、これ数年前に映画化された『のぼうの城』で有名になりましたが、水堀に守られ、「忍の浮き城」と呼ばれていました。三成は盟友大谷吉継とともに秀吉から城攻めを命じられ、備中高松城攻めと同じように水攻めをするんですが、これが大失敗します。

これは秀吉があえて、完璧な三成に難攻不落のこの忍城を攻めさせて「三成、慢心するな！」との考えがあったとか！　また、三成の戦さ下手が露呈したんだとか！　いろんな説があるんですが、でも失

忍城　北を利根川、南を荒川にはさまれた扇状地に、自然堤防を生かした構造となっている。数度の城攻めに一度も落城しなかった要害堅固な城として知られる。埼玉県行田市

点は失点で、加藤清正ら武断派の武将は鼻で笑っていたことでしょう！

でも佐和山城二四万石の石田三成は、押しも押されぬ豊臣政権の中枢へと登りつめていくんです。

そして天下人となった豊臣秀吉は、太閤検地を全国で実施します。これは、それまで米の升《ます》の大きさが地方によってまちまちだったものを統一して、年貢を平等にしようとした！　これは大改革で三成は尽力します。

三成はだれもが認める秀吉の懐刀となっていったのです。

ところがこのころから、天下人秀吉の人が変わっていったという人もいます。

朝鮮出兵に反対するが……

人は権力を握ると変貌するものです。いろいろな説があって、子宝に恵まれなかった秀吉にやっとできた長男鶴松《つるまつ》が急逝してしまう、その悲しみが、あの悪名高き朝鮮出兵になったとか、本当でしょうか！　じつはこの朝鮮出兵は織田信長の志であったとか！　これを知った明智光秀が「まだ戦争をつづけるのか！」それで反旗を翻したとか！　これが本能寺へとつづいていく理由とか！　知らんけど（笑）または全国に広がる大名の恩賞のため、朝鮮の地や明《ミン》国を征服して、加藤清正や福島正則らを百万石の大大名に転封して、目の上のたんこぶ徳川家康に対して防備しようとしたとか！

さまざまな説があり、本当のところは解明されていません。

ただ、わかっているのは、いまだに朝鮮民族はこの秀吉の悪行を許していないことです。

さすがのイエスマンの三成も抵抗したようです。やっと天下統一して和平の道が築かれようとしているのに、その上、広大な大陸への戦争によって莫大な金銀と兵糧《ひょうろう》が必要で、政権を揺るがしかねない危《き》惧《ぐ》があったんでしょう。

嫌《いや》な予感は的中するんですが、これが関ヶ原への導火線となってしまうのです。しかし秀吉という老人にたてつく者はおらず、まさに「老害」です。あの家康でさえも口を閉じているのですから。そして文禄《ぶんろく》・慶長《けいちょう》の役《えき》となります。

これには、加藤清正・島津義弘・立花宗茂ら名将たちが、命がけで激戦となります。大義名分のないままの戦いは、兵士たちを疲弊させたことでしょう。まして異国の戦いの難しさを実感したのですよ。

表舞台には出てこないですが、渡韓した日本兵のなかには、朝鮮民族の民兵とともに日本軍と戦った者もいたとか！

三成も後半は戦地に赴くことなく、内地で莫大な兵糧の調達をしていますが、これが加藤清正たちにとって「楽《らく》しやがって」なんて、三成憎しの気分が高じていきます。

秀吉の死と武断派との抗争

朝鮮出兵の大失敗は、豊臣政権をしだいに崩壊させていきます。三成らの文治派と清正らの武断派の抗争が浮き彫りになってきます。

豊臣恩顧の大名たちの不仲、そこへ家康が入り込む図式が、関ヶ原の闘いへと進めさせていくんですね。

すっかり年老いた秀吉は、京の醍醐寺《だいごじ》で盛大な花見を開きます。幼きひとり息子、秀頼の将来を案じながら……。

秀吉は家康や前田利家《まえだとしいえ》らの五大老、石田三成らの五奉行の二頭体制で秀頼を補佐してほしいと頼み、百姓から関白への稀有な大出世をし、栄華を誇ったこの天下人は、伏見城でひとり六二歳の生涯を閉じるのですが、朝鮮半島で抗戦はつづいていました。

秀吉の死を知って、苦難のなか、武将たちは引き上げてきます。石田三成はすぐさま九州へ向かいます。清正らの怒りは、亡き秀吉ではなく三成へ向けられます。

家康は家康で、ポスト秀吉の地位を確立しようとしていました。当然でしょう！　秀吉だって信長から政権を奪い取ったわけですよ。信長の息子たちを抹殺したじゃないですか！　秀吉もこの家康の動きを予測できなかったとは思えないのですよ。それは豊臣恩顧の大名を信じていたからでしょうか！　仲たがいしてるなんて夢にも思わなかったんではないかと思うのですね。

たとえば落語の師匠がたも自分の弟子たちは仲良くやっていると思っていますが、兄弟弟子というのは、そんな簡単な仲ではない難しいものなんですよ！　知らんけど⁉

もちろん、三成も家康をマークしていましたが、相手は実力ナンバーワン！　老練な爺さんです。三成の予想を超える手を打ってきます。

野心むき出しの家康、〝泣かぬなら泣くまで待とうホトトギス〟ですよ。

寄席の世界にはこんなのもありますよ。〝泣かぬなら自分で泣こうホトトギス〟江戸家猫八‼　ウソですよー（笑）。

「三成なんて、茶坊主の青二才」なんて、侮《あなど》っていたんでしょう！

三成と家康

秀吉の死を待ち望んでいた家康と、秀吉をもっとも愛していた三成との構図が、天下分け目の大戦となっていきます。

家康の勝手な行動は、秀吉への冒瀆《ぼうとく》としか写らないと憤る三成に、盟友、大谷吉継は、「人は状況が変われば変わるもの。理屈では人は動かぬ。人は損得で動くもの」と諭しますが、実直な三成は耳を貸さない！　これも大きな致命傷となっていくのです！

この一触即発のなか、お互いの陣営は暗殺や奇襲を考えていました。正義ありの三成にとって、この作戦は認められないことで、そのため何回かチャンスを逃がしているんです。バカだなあ！　と思いますが、それでもこんな三成が私は好きですよー。

三成亡きあと、関ヶ原合戦の後、日本人はこの尊い心持ちを失ってしまったのかもしれませんね。

大ウソの大義名分で徳川家康は五大老潰《つぶ》しをはじめます。まず加賀。前田利家亡きあとの息子利長に謀反の疑いありと、刃をむけます。謀反ありは家康、あなたでしょう。

利長は、母芳春院《ほうしゅんいん》を江戸へ人質に出すことで収めますが、しかし、なぜ江戸だったんでしょうか！　おかしいでしょ!!　謀反なら大坂城へ送るべきで、これで家康の狙いは明らかになったでしょう。

つぎなるターゲットは、これも五大老のひとり、会津一二〇万石の上杉景勝・直江兼続コンビ、いちゃもんをつけて会津征討の軍を集めます。この際、直江兼続が家康への抗議文、直江状を送ったとか！　これは本当かどうかは別として、三成と兼続の連携が見えてきますね！

家康は豊臣恩顧の大名を連れて、大坂城の秀頼と淀君にぬけぬけと挨拶《あいさつ》をして軍資金をせしめて会津へ向かいます。

大阪人は、江戸城にはいまも天守閣がなく、大阪には太閤さんの天守閣があるという優越感に浸るところありますね。

でもその大坂城は、秀吉時代の黒塗りの城ではなく、徳川の世になって白塗りとなり、場所も移されて秀吉の匂いを完全に消し去った大坂城が再建されたんですが、戦後、大阪の経済界や府民によって再々建されたと聞いて、子ども心に複雑でしたね。

戦国探検隊　レポート⑱

五大老と五奉行

五大老や五奉行が設置された理由は、秀吉の病にともなって、後継者である幼い秀頼をサポートする必要が生じたからでした。

五大老のメンバーは、最初は徳川家康・前田利家・毛利輝元・宇喜多秀家・小早川隆景の五名でしたが、隆景が没すると、上杉景勝が五大老に加わり、前田利家が死去すると、嫡男の利長が跡を継ぎ五大老になっています。

五大老の下にあって、重要な政務を処理したのは五人の奉行です。浅野長政・前田玄以《まえだげんい》・石田三成・増田長盛《ましたながもり》・長束正家《なつかまさいえ》の五人で、関ヶ原の戦いまでつづきました。五奉行の主な役割は、以下の通りです。

司法担当　浅野長政　　土木担当　増田長盛
宗教担当　前田玄以　　財政担当　長束正家
行政担当　石田三成

関ヶ原の合戦へ

竹馬の友、大谷吉継

石田三成は、家康軍が下野《しもつけ》の小山《おやま》に到着したとき、会津の直江《なおえ》と挟み撃ちにする作戦を立てますが、どう考えても家康は百も承知でしょう。

〝三成立つ〟情報が入ります。また三成も百も承知だったでしょうね。

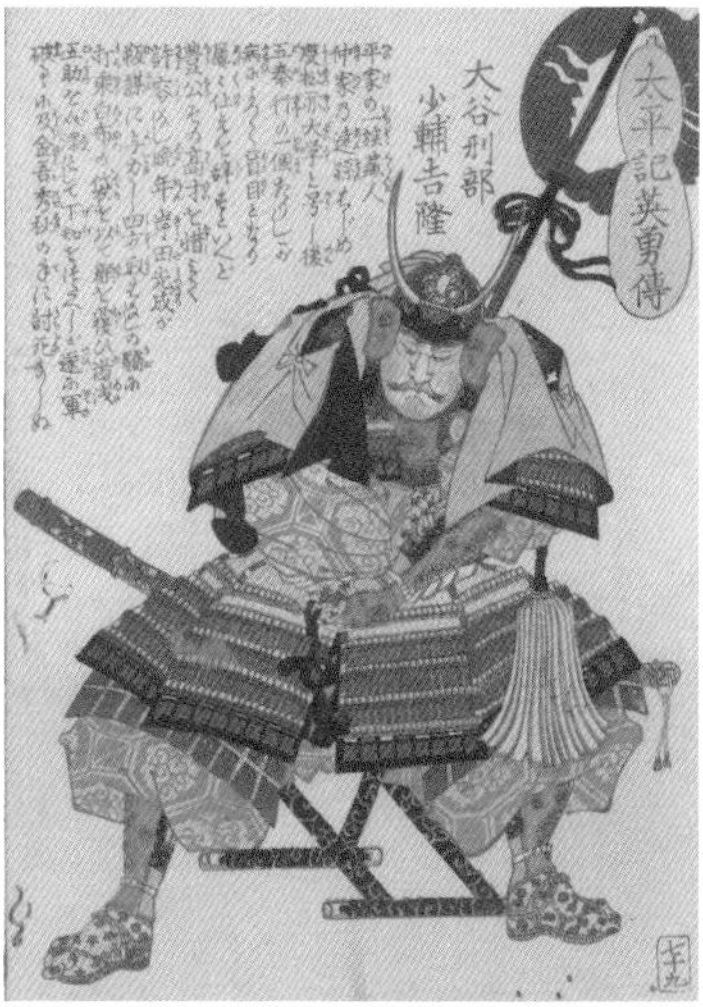

大谷吉継（1565？～1600）　落合芳幾画
「太平記英勇伝　七十九　大谷刑部少輔吉隆」

そして関ヶ原への合戦の火蓋《ひぶた》が切られます。

以前、東海道新幹線がこの地のあたりは雪でよく遅れることがありました。東北新幹線は雪のなか、飛ばしてるのに、軟弱だなあと思ったものでした。

この「世紀の一戦」にもっとも頼りにしたのが、「竹馬《ちくば》の友」だった若狭敦賀城五万石の城主、大谷《おおたに》吉継《よしつぐ》でした。

吉継はどんな男だったか！　出自はあまりはっき

りしないのですが、ただ比叡山の近くの大谷村に生まれ、比叡山で修業していたそうです。あの信長の残酷さの代名詞となった比叡山焼き打ちがあって、命からがら脱出します。で、母親が秀吉の正室ねねに仕えていたので、その縁で小姓《こしょう》として採用されます。

このとき、長浜城には、若き加藤清正・福島正則・石田三成らが秀吉の小姓として仕えていました。吉継はここで秀吉の軍師、竹中半兵衛《たけなかはんべえ》という良き師に出会います。

この半兵衛は、黒田官兵衛《くろだかんべえ》を助けたことがあります。官兵衛が荒木村重《あらきむらしげ》の有岡城に乗り込んでつかまり、一年間も牢に幽閉されてしまいます。が、そのとき信長は、官兵衛を謀反ありとして息子松寿丸《しょうじゆまる》（のちの黒田長政）を殺せ！　と命じます。それを竹中半兵衛が匿《かくま》ったのです。

半兵衛がいなければ、福岡の黒田家はなかったのですよ。〝酒は飲め飲め……〟の黒田節も世に出なかったんですよ。その後、半兵衛は亡くなりますが、黒田官兵衛は救出され、大谷義継の第二の師となります。

元服した吉継は三成とともに各地を転戦します。あるとき、秀吉が「いつか、そなたに万の兵を任せたい！」と吉継に伝えたという話が残っています。この眼力は正しかったと思いますよ。この一言は、吉継は心の拠り所になったと思いますがね。本能寺の変のときも三成と手を取って、裏方の段取りを仕切ったのでしょう。

吉継の諫言

そして三成が治部少輔《じぶのしょう》、吉継は刑部少輔《ぎょうぶしょう》に昇進します。

吉継は、若狭敦賀城五万七〇〇〇石の大名に出世して、秀吉傘下《さんか》の経済政策をになう奉行としての役目を担当します。敦賀の町は、日本海と京の都を結ぶ要所で、吉継は経済発展に寄与します。

一方で吉継は娘を真田幸村《さなだゆきむら》に嫁がせたりもしています。

また、秀吉の長男鶴松が三歳で天国へ旅立ってすぐに秀吉が朝鮮出兵を決行すると、側近の三成・吉継は難色を示しますが、渡韓します。ところがここで吉継はハンセン病を発症します。いまは完治できる病ですが、当時は難病だったのです。ここで吉継はみずからを悟ったのでしょう。一線から身を引くということ、無念だったでしょうね。

吉継が元気な体であれば、すべてにおいて三成より上であったと私は思います。だから秀吉は警戒して小大名にとどめたんだろうと思うのですよ。あの黒田官兵衛も才覚があるがゆえに、九州は中津の一〇万石にとどめたんだろうと思うのです。

権力者は、強者がわかるんですよ。大きな力をもたせないのです。

そんななか、盟友石田三成が徳川家康に挑むという。家康から会津征討に参陣してほしいと依頼され、ここで三成と家康の仲介をしようという吉継でしたが、三成が聞く耳をもち合わせていなかったのが不幸でした。

かえって三成は、「豊臣の恩を忘れた世の中がいいのか！」と問います。吉継は、「三成、お主には人望がない！」と告げます。

天国にいる石田三成に私は言ってやりたいです。「三成さんよ、こんな友はいないぞ！」と。こんな辛口なアドバイス、だれがしてくれるんですか！

結局、大谷吉継は、孤立化した三成に、「オレの命、お前にくれてやるわい！」と合流します。さっそく作戦を練り直します。五大老の毛利輝元を西軍の総大将に担ぎ出せ！　そしてみずからは北陸で、前田利長を動かさず、見事な采配をふるいます。さすが秀吉の見る目に間違いはなかったですね。

吉継の男気

大谷吉継はなぜ三成に味方したのか！　家康とも友好関係があるのに！　これは吉継が残り少ない命を、男として、武将として、輝かせたかったのではなかろうかと思うのです。

武勇にも優れていた男は、秀吉の下ではソロバンもはじける経済通として頼りにされ、裏方に廻るのはあまりにも寂しかったのかもしれません。自分の〝力〟はこんなもんじゃない。死ぬまでに一度、大勝負をしたかった、まして相手は実力者、徳川家康ですよ。吉継は人生を賭けて、家康と戦いたかった

大谷吉継の墓　三成の「大義」に殉じた友情の武将、吉継の墓は側近「湯淺五助の墓」と一緒に建っている。岐阜県関ヶ原町

んでしょう。武者震いしたんでしょうね。

もしかすると喜んで笑顔で死んでいったんではないですか！　勝ち負けでなくて、この天下分け目の一戦で戦ってみたかったというこの一念が、吉継の集大成だったんですよ。わかるような気がしますね。

関ヶ原では、日和見《ひよりみ》を決めた大名も多いなかに、一生を見事に生き切ったかっこよさが見えてきます。

後世にその名を遺した名将のひとりが、大谷吉継でしょうね。関ヶ原において、ただひとり、切腹した男、享年四一歳でした。

正義を信じた三成

さて、話は三成に戻しますが、三成挙兵を知った家康は、小山から福島正則や山内一豊らを同行して、江戸城へ入り西へ進路をとります。

決戦の地は「関ヶ原」。日本史上、これほどスリリングな合戦はないですね。昨今、三成は城を築いていたとか、本陣は違ったところにあったとか、諸説が出てきますが……。

家康は、三成挙兵と聞いても、たかだか二、三万ぐらいと高《たか》を括《くく》っていましたが、蓋《ふた》を開けてみるとなんと一〇万の大軍を指揮していたのには驚かされたといいます。

このとき、三成は正義の正統性を確信したことでしょう。しかし、これは砂上の楼閣だったとは気づいていなかったのですよ。

とても危うい軍であることは理解していませんでした。「裏切り」の三文字なんて眼中にはないのですね。

戦さ上手の島津義弘や立花宗茂《たちばなむねしげ》などは、この情勢はわかっていたのでしょう。夜襲をかけて東軍を攪乱《かくらん》させようと忠告しますが、それでは大義にならないと三成は首を縦にふらないのですよ。ここでも、また勝機を逃してしまう三成なんですよ。

バカバカバカ!!　と言ってやりたい。

軍略家の義弘や宗茂のアドバイスをなぜに聞かなかったのかなあ！　三成の美徳は、目的より手段の上手さに酔っていたのか！

これって、落語家にもあるんですよ。古典落語の形だけの真似をして、落語の本質を後回しにしている例があります。古典の形式美に酔ってる落語家がときどきいますが、三成もそれに似たところがあったのかもしれません。

美しく勝つことが重要で、何が大義名分なのかということなんでしょうね。

徳川家康はどんな泥臭い戦いでも、勝てば官軍、正義が勝つんじゃない、勝ったから正義になるんだという信念だったんでしょう。

大谷吉継たちも三成を諭したのに、糠《ぬか》に釘《くぎ》だったんですね。

それでも、佐和山城主二四万石が江戸城主二四〇万石と堂々と渡り合ったのは、立派なものです。互角の勝負をした男を、私はほめてあげたいです。リーダーとしての統率力というのは、人望というものが不可欠と歴史をみていて思えてきます。

あの時代の流れからすれば、徳川家康に与《くみ》したほうが自然だと私も思うけれども、西軍の大名たちは三成に従軍します。一人ひとりが正義を信じ男として敗れます。

東軍勝利の理由は？

関ヶ原以降、江戸時代は東軍の大名たちのＤＮＡが残り、日本人のもつ美しい心は西軍の大名の敗戦とともに消えてしまったのかもしれません。

よく関ヶ原の勝因は、小早川秀秋一万五〇〇〇の寝返りと言われますが、もちろん二心《ふたごころ》はあったでしょうが、本当のところはどうだったんですかね。歴史は秀秋ひとりを〝卑怯者〟として語り継がれていますが、ほかの東軍の大名も似たり寄ったりじゃないですか！

南宮山《なんぐうさん》で日和見を決めた吉川広家《きつかわひろいえ》はどうなったんですか！　大坂城に大軍を引き連れて入城した西軍の総大将、毛利《もうり》輝元《てるもと》はどうだったんですか！　もっと責められてもいいじゃないですかね。間抜けなのは、動けなかった土佐の長宗我部盛親ですよ。領土没収され、のちに大坂の陣にて討ち死にしますが、なぜこのとき、勝負に出なかったのかということです。

勝ったら、徳川家康は正義になりましたが、この戦いはじつは紙一重であったし、だれが半日で勝負がつくと思いましたか！

小早川秀秋（1582 ～ 1602）　落合芳幾画
「太平記拾遺　十九　金吾中納言秀秋」

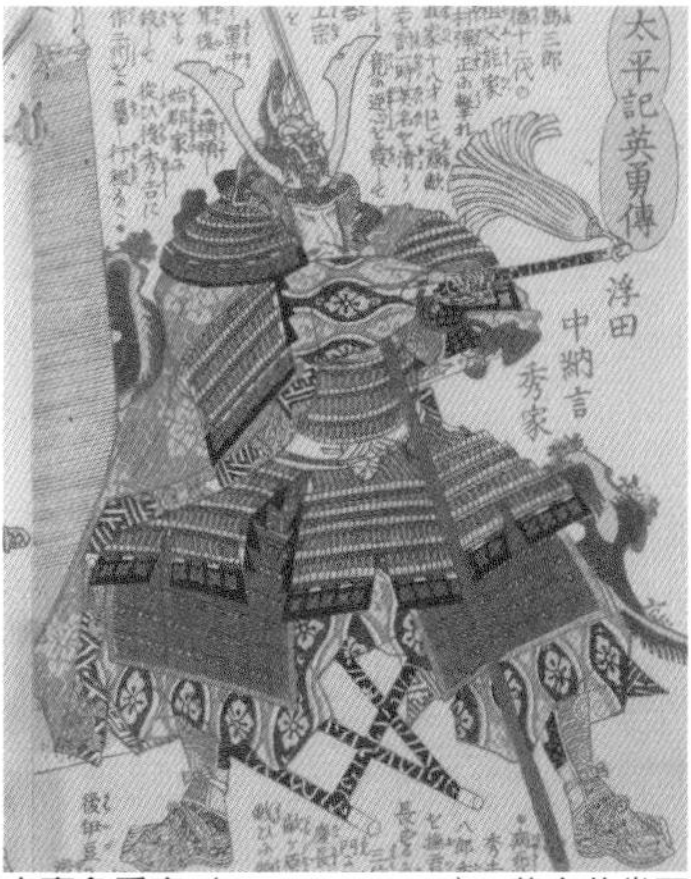

宇喜多秀家（1572～1655）　落合芳幾画
「太平記英勇伝　九十三　浮田中納言秀家」

家康の息子、秀忠三万五〇〇〇の本隊が遅参してしまったこと、また、不戦不敗の立花宗茂が大津城攻略に時間を要して関ヶ原にいなかったこと、名将島津義弘には一〇〇〇人ほどしか兵士がいなくて、敵中突破して薩摩へ帰ったときには一〇〇人もいなかったことなど、不確定要素がたくさんあったことも事実です。

西軍の主力部隊、宇喜多《うきた》秀家《ひでいえ》、五大老のひとり、落ち延びて大隅《おおすみ》半島、いまの垂水《たるみず》の地に島津家に匿われておりました西軍に与した島津を家康が攻めてきたら、この秀家もともにもう一戦するつもりだったんでしょう。

三成の最期

関ヶ原で唯一切腹した大谷吉継は、死に際して、笑いながら「三成、お前のおかげでおもしろい人生だったのー」とあの世に旅立ったでしょう。きっとそうだったと信じています。

主役の石田三成ですが、右腕の島左近も壮絶な討ち死にをし、大谷吉継同様の最期だったと思います。

戦場で死にもの狂いの暴れっぷりの兵士のなかで、亡き蒲生氏郷《がもううじさと》の家来や、他家で不始末をしでかして追放された奉公構《ほうこうかまえ》といわれる者たちは、関ヶ原を死に場所として、三成の盾となり、三成に再起を期して逃がします。

三成は、伊吹山の山中にかくまれていましたが、村人に迷惑がかかるのを恐れ、東軍の田中吉政《たなかよしまさ》に連行されます。自決の道もあったでしょうが、望みを最後の最後まで捨てない三成でした。恩ある秀吉のため命ある限り希望は捨てないのですよ。この石田三成を名優江守徹さんが演じたことがありましたが、じつに毅然としてカッコ良かったですよ。よく覚えていますね。

場所は大垣城、三成は悪びれずお縄にかかります。家康に味方した豊臣恩顧の大名をあざ笑うかのごとく、正々堂々としていたといいます。

「正義こそ勝利なり」、自分の命が滅ぼうとも、その心は必ず受け継がれるという強い信念があったのでしょう。戦いに負けても、勝負には勝ったという自負が、石田三成にはあったでしょうね。

三成処刑

この後、西軍の大名の城は、略奪の対象となります。佐和山城に入った東軍の兵士たちは、何もなく肩すかしを食らいます。それほど、三成は質素だったといいます。ただ大事に保管されていたのは、秀

安国寺恵瓊(1537 または 1539 ～ 1600)臨済宗の僧で、武将および外交僧。月岡芳年画「教導立志基　三十三　羽柴秀吉」

小西行長(1558 ～ 1600)　落合芳幾画「太平記英勇伝　八十八　小西摂津守行長」

吉からの手紙だけだったと言われていますが……。

これ、いまでも保存していたら、なんでも鑑定団で高く売れるのに、と思うのは私だけですかね！

このことは、死に際して借金だらけだった明治維新の三傑の二人、西郷隆盛と大久保利通に似たところがありますね。

それから石田三成は、京の都で市中引き回されます。これ勝者が敗者に対する見せしめです。

こんな逸話が残っています。有名な話です。

三成がのどが渇いたので、「水はないか！」と言うと、「あいにく、水はない！　この干し柿でがまんしろ！」。すると三成は、柿は「たんの毒と申すゆえ、食わぬ」。「これから首をはねられようというのに腹の心配をする奴がおるか！」「そちにはわからぬか！　大志を持つ者は最後まで体を大切にするものよ！」と言ったとか！

一六〇〇年一〇月一日、関ヶ原から半月たって小西行長・安国寺《あんこくじ》恵瓊《えけい》らとともに京の六条河原で処刑されます。

石田三成　享年　四一。

豊臣家にすべてをささげた一生でした。この三成の死によって、また西軍の敗北によって、日本人の心は変わっていったのではないでしょうかね。

しかし、このとき、大坂城の淀君は何をしていたのでしょうか！　石田三成たちを見殺しにしたのですか！　豊臣愛をもった男たちを死なせて、そして一五年後には、大坂城ともどもひとり息子秀頼と淀君は灰燼《かいじん》に帰すんですよ。家康は秀吉ゆかりのものすべてを消滅させているんですよ。

私は思うんですよ。たとえ関ヶ原で西軍が勝っていたとしても、最終的には、東軍の家康が勝利して、徳川政権を樹立したでしょう。結局、三成は負けたはずです。歴史というのは勝者がつくるもの。三成は明智光秀同様、悪役として伝えられてきましたが、皆さん、どこが悪役ですか！　正しく歴史を検証すべきだとお願いしたいです。

この不器用な忠義な男、石田三成を我々日本人は忘れてはならないんですよ。

戦国探検隊レポート⑲

彦根城、国宝五城のひとつ

近江の国で最大の城は安土城。ほかにも壮々たる名城がありました。その城から移築したのが国宝彦根城なんです。

京極高次《きょうごくたかつぐ》の大津城からは天守。石田三成の佐和山城からは多門櫓《たもんやぐら》など、浅井長政の小谷城からは三重櫓、また六角義賢《ろっかくよしかた》の観音寺城からもと、廃城となった城からの再利用で、昔はよくあったことです。天秤櫓は長浜城からの移築とも言われて、あの名古屋城も姫路城もそうでした。

大坂城攻略のための要となる城として彦根城は普請《ふしん》され、徳川四天王のひとり井伊直政が入城しますが、関ヶ原での島津義弘

彦根城　金亀城とも。多くの大老を輩出した譜代大名井伊氏の居城。国宝５城の一。滋賀県彦根市

のいわゆる「島津の退《の》き口」に際して負傷のため、直政は二年後に亡くなります。

その後、井伊直継が跡を継ぎます。幕末には、安政の大獄の主役井伊《いい》直弼《なおすけ》がこの彦根城の主でした。時代劇を見ていると、時折登場してくる彦根城、いまは、ひこにゃんが有名。戦国末期、ポイントとなった城としていまも伝えている彦根城です。

桂竹丸の戦国ひとり旅

第五章　—　前田利家編

加賀百万石の礎を築いた、前田利家の処世術

「裏切り」なんて日常茶飯事だった戦国時代でしたが、代表的なのが慶長五年（一六〇〇）の関ヶ原における小早川秀秋。

私は戦国時代、最大の裏切り者は、豊臣五大老のひとり、晩年秀吉がもっとも頼りとした前田利家ではなかろうかと思うのですよ。もし違うなら、人生のソロバンを冷静にはじいた運命の人なのでしょう、と解釈しますが。

それはですね、本能寺のあと、後継者争いで秀吉が織田家筆頭家老柴田勝家との間に争った「賤ヶ岳の戦い」なんです。

秀吉と勝家との間に揺れた前田利家、このときの決断、読者の皆さんからすれば、その立場から賛否両論があろうかと思います。そんなことを踏まえながら、これから前田利家をお付き合いいただけませんでしょうか！

前田利家の略系図

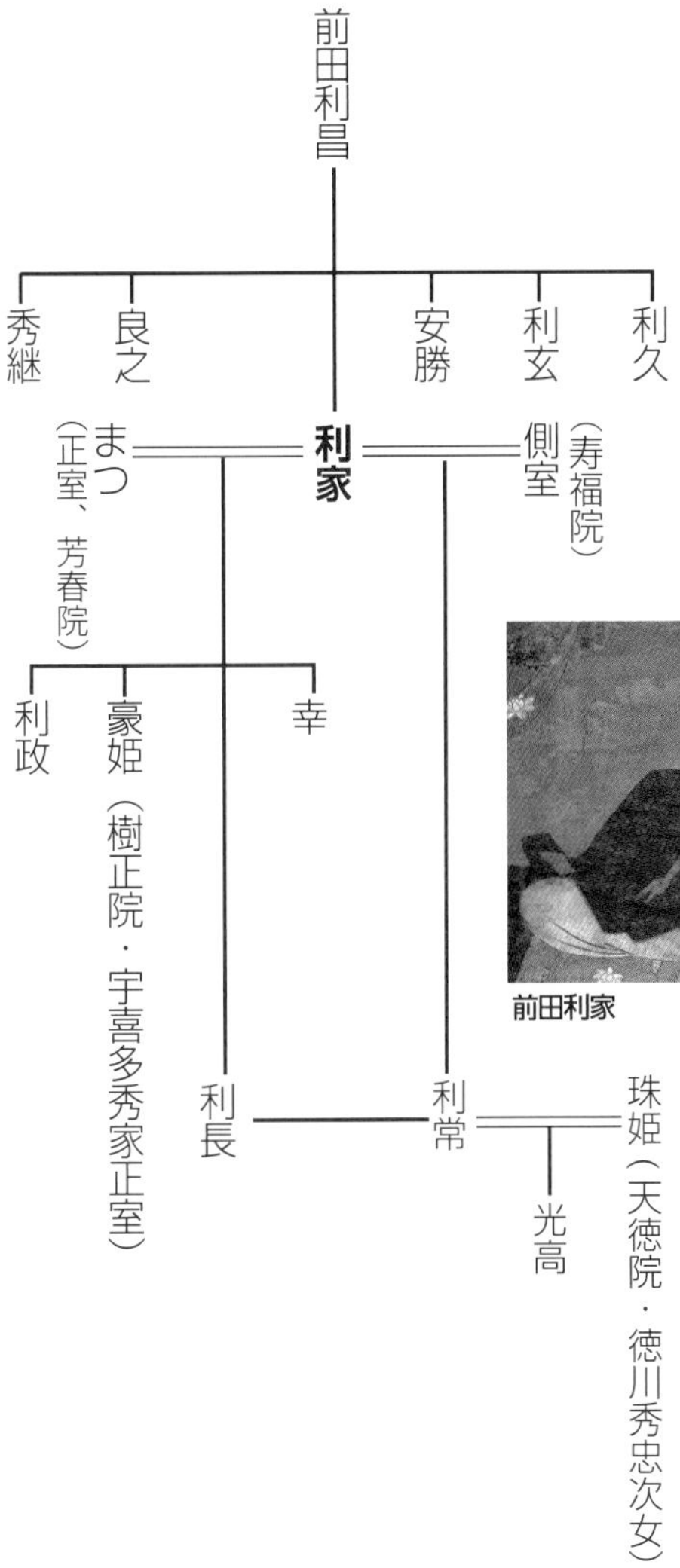

前田利家

加賀百万石の地・金沢を訪ねて

前田利家は、はじめ小姓として織田信長・柴田勝家・羽柴秀吉に仕え、のち加賀国・越中国を与えられ加賀藩百万石の礎を築きました。

利家を訪ねるには、やはり金沢です。金沢城や、名庭兼六園・成巽閣ほか、多くの観光地は、利家にはじまる加賀百万石の栄華を今に伝えています。

金沢城石川門　1788年の再建。金沢城の搦手（裏口）門で、櫓門の二の門、続櫓と二層二階建ての石川櫓で構成された枡形門である。

金沢城鼠多門内部　金沢城の西側で、黒い海鼠漆喰が特徴。

前田利家像　加賀藩百万石の藩祖、豊臣政権の五大老の一人。兼六園近くの百万石通りに面して建つ。

兼六園　水戸偕楽園、岡山後楽園とならぶ日本三名園のひとつ。江戸時代の代表的な大名庭園。「廻遊式」の要素を取り入れて、さまざまな庭園手法をも駆使して総合的につくられた。

成巽閣　兼六園に隣接し、歴史博物館として公開されている。

前田利家墓　野田山丘陵の傾斜地にある、加賀藩前田家歴代の藩主・正室および一族の墓地。

宝円寺　利家の建立になる、藩主一族の位牌が安置された前田家の菩提寺。金沢市宝町

【前田利家関連年表】

和暦	西暦	年齢	前田利家年表	できごと
天文7	1538		前田利昌の四男として誕生	
天文12	1543	6歳		鉄砲伝来
天文20	1551	14歳	織田信長の小姓となる	
天文21	1552	15歳	織田一族の内紛である萱津の戦いで初陣を飾る	
弘治2	1556	19歳	稲生の戦い	
永禄1	1558	21歳	浮野の戦い、槍の又左という異名でよばれる／まつと結婚	
永禄2	1559	22歳	拾阿弥を斬殺、信長の不興を買い出奔	
永禄3	1560	23歳		桶狭間の戦い
永禄4	1561	24歳	森部の戦いに参戦　手柄を挙げ信長に帰参を許される	
永禄8	1565	28歳		将軍足利義輝、暗殺される
永禄11	1568	31歳		信長、足利義昭を奉じて京都に入る
永禄12	1569	32歳	前田家の当主となる	
元亀1	1570	33歳		信長敗走（金ヶ崎崩れ） 信長、家康とともに浅井長政、朝倉景健を姉川に破る
元亀2	1571	34歳		信長、比叡山を焼き討ち
天正1	1573	36歳	一乗谷の戦い	
天正9	1581	44歳	能登一国を与えられる	

生没年

織田信長（1534～1582）

前田利家（1538～1599）

まつ（1547～1617）

利長（1562～1614）

天正10	1582	45歳	清洲会議	本能寺の変／山崎の戦い
天正11	1583	46歳	賤ヶ岳の戦いで柴田勝家側として出陣 秀吉の誘いで自軍を撤退させる	
天正12	1584	47歳	小牧長久手の戦い／末森城の戦い	
天正13	1585	48歳	加賀藩の初代藩主となる	秀吉、関白太政大臣となる（豊臣の姓を賜る）
天正18	1590	53歳		秀吉、小田原征伐／家康、関東に移封。
文禄1	1592	55歳	名護屋城へ	朝鮮出兵（文禄の役）
慶長1	1596	59歳		慶長伏見大地震
慶長2	1597	60歳		朝鮮出兵（慶長の役）
慶長3	1598	61歳	家督を長男・利長に譲る 五大老に任ぜられる	醍醐の花見 秀吉死去／日本軍の朝鮮からの撤兵ほぼ完了
慶長5	1599	62歳	大坂の自邸で病死	
慶長6	1600			関ヶ原の戦い

信長と主従に

かぶき者・犬千代

天文七年（一五三八）、尾張国荒子《あらこ》、現在の名古屋市中川区、いまでこそ大都会名古屋市の真ん中ですが、戦国時代は清洲や岩倉に織田家の城があったので、そちらの方が栄えていたそうです。

利家は、そこで前田利昌の四男として誕生します。幼名・犬千代、ニックネーム・イヌ。

幼少のころの利家、犬千代はかぶき者として、人とは変わった格好をして暴れん坊であったといいます。そんなところが、のちの主君、織田信長と意気投合したのでしょう。

芸能界にもいるんですが、若いころやんちゃしてて、いま更生して芸道に精進しているなんて方いますが、どうかなあ‼　と思うのですよ。そのころ迷惑をかけられた人の怒りはどこへもっていけばいいのですかね。

いくらいま立派でも過去の過ちは肯定して欲しいですね。更生するための苦労は認めますが、やんちゃな子どもほど、大きくなったら人の痛みがわかるからいいなんて言う人がいますけど、子どものときからわかっていてほしいと私は思いますが。

当時の尾張国、織田家は二分されていて信長はまだ統治できていませんでした。もともと、織田家は平家、平資盛《たいらのすけもり》の子孫といわれていて、越前国織田荘の神官の出身です。

清洲織田家に仕官

室町時代、甲斐氏・朝倉氏・織田氏は三官領《かんれい》の斯波《しば》氏の守護代で、織田家は尾張の守護代をつとめることになります。ですから、のちに信長のライバルとなる越前の朝倉氏からすれば、当初、格下扱いにしていて、これがのちに命取りになるんですよ。

で、尾張国は相変わらず清洲織田家と岩倉織田家の争いで、信長は苦戦していました。利家の父、前田利昌はそのころ、岩倉織田家側に味方していて、このときの計算で、四男坊を両天秤に賭けて、つまり保険をかけたわけですよ。それでライバルの清洲織田家に息子を仕官させたのでしょう。これは正解でしたね。

これって、関ヶ原で、信州の真田昌幸が兄弟の信之と幸村を東西に分かれさせ、真田家を残した例と同じ手法です。よくあることでした。

天文二〇年（一五五一）、元服して前田孫四郎利家と称することになります。

そしてこの年、萱津《かやづ》の戦いが初陣となります。このとき秀吉より先に信長に仕えた佐々《さっさ》成政《なりまさ》が、利家

前田利家（1539？～99）　あおなみ線の荒子駅前にある、前田利家初陣の像。

萱津古戦場跡　信長の実力を織田家中に認めさせた戦いのひとつ。あま市

と年も近く、戦場で競い合う仲でもありました。ちなみに成政の子孫があの水戸黄門の助さんこと佐々《さつさ》宗淳《むねきよ》です。

このころの利家と成政の活躍ぶりは信長を喜ばせるものでした。とくに利家は身長が六尺（一八二センチ）、六メートルの長槍を自在に操り、「槍の又左」と恐れられたものでした。

弘治二年（一五五六）の稲生《いのう》の合戦、これは弟織田信行が兄信長に挑んできます。利家は頬《ほお》に矢が刺さったまんま退却することなく、敵将、宮井《みやい》恒常《これつね》を討ち、手柄を立てます。あっぱれですね。

そして、前田家で同居していた従姉妹のまつと祝儀を取り行い、利家とまつは晴れて夫婦になります。名も前田又左衛門と称します。このまつが後に前田家を支えるのです。

赤母衣衆の筆頭に

信長軍は、黒・赤各一〇人程の母衣衆《ほろしゅう》を選抜して組織していましたが、利家は赤母衣衆の筆頭で、ほかに福富秀勝もいました。黒は馬廻りとして実績のある川尻秀隆・野々村正成、そして佐々成政がいました。

金沢百万石まつりの母衣衆　毎年6月に行われる金沢の華麗な祭り。母衣は矢を防ぐためのもので、母衣衆は精鋭の武士が選ばれた。

これらは、信長近くの小姓から選ばれ、信長軍団の武将として、将来期待された侍大将の候補者でもありました。順風満帆な利家でしたが、かぶき者で短気な性格は変わらず、あるとき、織田家の同朋衆《どうぼうしゅう》の拾阿弥《じゅうあみ》が女房まつの形見の笄《こうがい》、つまり髪を整える道具ですが、これを盗んだのです。信長に訴えます。ところがこの拾阿弥、信長のお気に入りの坊主で「捨ておけ！」と相手にされません。二二歳の利家は血気にはやり、信長の前で斬り殺してしまうのです。さあー　大変!!本来なら、死罪に処されるところでしたが、この自分に似た利家に対して、信長は出仕停止の措置をとったようです。

このとき、信長と利家の間を取りなしてくれたのが、信頼あつい柴田勝家でした。それ以来「おやじ様」と呼んで勝家を慕っていくのでした。

そしてもうひとり、若きころより隣の家同志ということもあり、親しかったのが、のちの秀吉、木下藤吉郎でした。とくに女房まつとねねは大の仲良しで、これが利家を助けてくれることになるんです。

人格形成の浪人生活、そして帰参

柴田勝家・前田利家・木下藤吉郎が織田軍団を強大化していきます。

さて、この柴田勝家ですが、出自があまりくわしくは残っていないのですが、柴田勝義の子とされています。信長の父、織田信秀の時代から織田家に仕えていました。

信秀が死去すると、信長の弟信行の家老として実力を発揮します。で、このとき、信長を排除して信行を後継者とすべく動きますが、敗れて降伏した後、信長命として人生を捧げた男です。先ほど、紹介した、弘治二年の稲生の合戦です。

勝家は戦場において、勇猛果敢で情に厚く、人望もあり、こういう男はナンバー2にしたら、どれだけ頼もしいか!と思います。

私はこの柴田勝家という男に、昭和の臭い、つまり演歌の世界を感じて親近感をもちますね。

さて、前田利家、拾阿弥の事件で牢人生活を送ることになります。

まあ切腹を免れただけ有難いんですが、このとき、勝家と藤吉郎が何かと面倒をみてくれていたようです。

このかぶき者の男が、毎日勉強、つまり書物を読みつづけ、これがのちに教養人として利家の価値を上げるんですが、兵法や軍記物のほかに銭勘定に関心が高くなっていきます。収入がストップした利家は、貧乏生活でケチという道を選ぶことになります。

このときの苦労が、終生、利家の人格を形成していくのですよ。良くも悪くもですが。

我々、落語家という芸人も、必ず貧乏という二文字は覚悟で入門しますが、頑張る原動力が、この金欠の恐怖から逃げるというのがありますね。芸人も明日の仕事もわからない世界に住んでおりますから、基本的にはケチなんです。あの名人、立川談志師匠はこのケチを見事にキャラクターに特化した、これも天才ですね。

さて、織田信長は、永禄三年（一五六〇）、今川義元二万五〇〇〇の大軍を、桶狭間《おけはざま》で襲撃しました。このとき謹慎中の利家は参加して、信長に帰参の許しを乞うのですが、「目障りじゃ」「去れ！」。

しかし利家はあきらめない、参考までに、大勝利を勝ちとった信長ですが、皆さん、神をも恐れぬあの信長ですが、戦勝祈願に熱田神宮に参拝してるんですよ。おもしろいですね。

つぎなる戦いは、宿敵斎藤龍興《さいとうたつおき》との森部《もりべ》の戦いです。ここでも利家は参戦し敵の曲者、足立六兵衛を討ち取り、ようやく信長に許されるんですよ。イヤー、お疲れさま、めでたしめでたし。

信長という男は、ときに北近江の浅井長政《あざいながまさ》しかり、この前田利家しかり、情のあるところをみせますね。すべて斬り捨て!! じゃないんですよ。立場上、私的には許していても、公的に大将としての面目がありますからね。

信長と利家、ひとまず主従関係が復活します。

前田家の当主に

そんななか、利家には利久という兄貴がいて、前田家の跡取りとしてはもちろん利久なんですが、信長は病弱な兄貴より利家を前田家の主として任命します。

反論できませんが、この信長からの命令は前田家にとって大正解であったことは、歴史が証明していますね。

跡継ぎ問題で前田家は内紛となり、利家も苦悩しますが、女房まつが助言して受け入れます。

織田家の場合、信長と弟信行との争いになったのと逆に、兄利久も立派だったのでしょう。うまく治まったのは幸いでした。

天正三年(一五七五)、筆頭家老・柴田勝家の与力、つまり子分ですね。配下となる前田利家でした。

勝家とともに北陸担当となります。しかし、ここは軍神・上杉謙信への備えとして、最重要地点でもありました。

前田利家、私的なことですが、豪快な暴れん坊でしたが、倹約と貯金が趣味でしたね。女房まつにも小言をいただくこともしばしばでしたね。

落語家の看板、林家木久扇師匠の趣味は入金と公言しています。貯金通帳を見るのが老後の楽しみとおっしゃっていましたが、この師匠はケチではなく面倒見の良い師匠で、若手によく御馳走してくれる有難い人です。ここが立川談志師匠とは違うところです。天国の談志師匠、申し訳ございません。どうぞお許しを!!（笑）

前田利家（1539～99）加賀藩主、前田氏の祖。豊臣政権の五大老の一人。

本能寺の変、信長の死

信長の快進撃はつづきます。金ヶ崎退き口の危機一髪もありましたが、反対勢力の比叡山の焼き打ち、朝倉・浅井連合との姉川の合戦、朝倉の一乗谷《いちじょうだに》を焼き尽くし、浅井の小谷城落城と利家は従軍して活躍します。

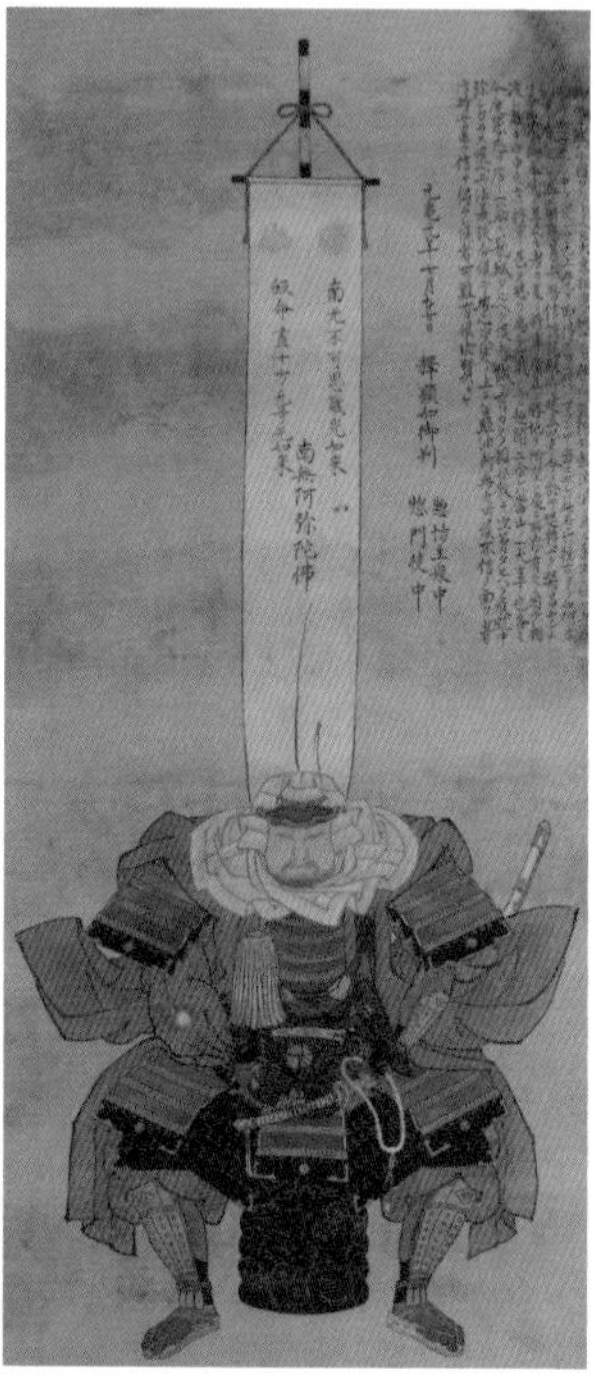

顕如（1543～92）　全国の本願寺門徒に信長打倒を呼びかけた。

そして信長は、足利一五代将軍・足利義昭を追放、甲斐の武田勝頼を長篠の戦いで玉砕させます。

利家、なんと越前の府中城三万三〇〇〇石を拝領し、柴田勝家に同行します。

信長は、加賀の一向一揆。そして大坂石山本願寺の顕如《けんにょ》と和睦したりして、着実に〝天下布武〟を進めておりましたが、落とし穴がありました。油断もありました。

天正一〇年（一五八二）、武田勝頼が天目山で自害したこの年に、あの大事件がおきます。本能寺の変、明智光秀に討たれます。中国の毛利攻めをしていた羽柴秀吉はこの情報をすぐキャッチして、一一日後、山崎の合戦で、主君殺しの光秀を討ちます。

利家にとっても、お館様の死は、青天の霹靂《へきれき》。すぐさま仇討ちといきたいところでしたが、もう秀吉が、いの一番でこの難事業を成し遂げてしまっている。柴田勝家と越中魚津城攻めも完結して、さあこれから上杉攻略の途中でしたが、信長死すの知らせは、両陣営にも届き、撤退で動けず、無念の思いいっぱいで引き上げます。

信長の死によって、利家が人生でいちばん困ったこと、危惧することがおこります。

信長・信忠親子の突然の死によって、跡目争いがおきるのは必須でした。筆頭家老柴田勝家と仇討ち功労者羽柴秀吉の主権争い、対立が如実で、利家は大きな試練をむかえました。

そんななかに、あの巨大な安土城も天守閣が燃え落ちてしまいます。近代城郭の基本をつくった名城、いまのこの時代に見てみたかったなあと思うのですよ。

政争としては、勝家は信長の三男信孝を、いっぽう秀吉は信長の孫で信忠の嫡男三法師、まだ三歳の後見人になるという。

おやじ様と盟友との争いは、もう目に見えている。利家は二人の衝突を避けるために奔走しますが、両陣営は武力で決着をつける決心をしていました。万事休す!!

いつも親身になり親代わりだった柴田勝家、また若いころは〝サル〟〝イヌ〟と呼びあった秀吉と利家、人生最大のピ～ンチ！

秀吉、勝家と利家

賤ヶ岳の戦い

天正一一年（一五八三）、柴田と秀吉軍の主力、佐久間盛政が、賤ヶ岳《しずがたけ》の戦い、北近江にて優勢に軍を進めますが、行け行けドンドン、調子に乗ったのでしょう、勝家の心配が当たってしまいます。

私は思いますが、こんなときこそ、年寄りの声を聞きましょうよ。百戦錬磨の勝家ですよ。佐久間盛政、自業自得、敗走します。

余談ですが、このとき活躍した若手が加藤清正・福島正則・片桐且元《かたぎりかつもと》など、のちに「賤ヶ岳の七本槍」と呼ばれた武将たちです。

ただこの戦いで、柴田軍のほうが押し気味だったとも言われています。ここで北陸から勝家に同行していた前田利家、心中いかがだったのでしょうか？　この戦いが前田家の運命を決めるということで、戦いのソロバンをはじきます。

利家軍は、柴田軍の前線に陣取っているんですよ。秀吉軍と対峙《たいじ》してるんですよ。ならばここにいて迷うことがありますか？　利家はこのとき、守るべき家族を第一とする判断をします。苦渋《くじゅう》の選択はわかります。敵前逃亡ですよ。撤退するんですよ。心の中で、勝家にも秀吉にも味方しないと決めたということです。

もちろん、秀吉軍の追撃をうけ、必死で府中城に戻ります。

皆さん、ここなんです。これを裏切りと言わずに、なんと言いますか！

ならば明智光秀の与力でのちに肥後五〇万石の礎をつくった細川藤孝は、本能寺で光秀の援軍要請を断り、城門を閉じ剃髪《ていはつ》して、細川幽斉《ゆうさい》と称してだんまりを決めます。息子忠興《ただおき》の嫁は、光秀の娘たまですよ。

細川は、光秀の実力、運をみて判断したのでしょうね。細川がそのように判断したならば、筋が通っていると思います。

勝家と決別し、秀吉の臣下に

前田利家、恩を守るか、家を守るかの決断ですね!!

トップの人間として当然なのかもしれないのはわかりますが、ならば、はじめから出陣しないで府中城に籠り、中立を決めればよかったと思いますよ。修羅場で逃げ出すなんて、汚いじゃないですか！

ただ、ここで男をあげたのは柴田勝家で、敗れた大将ですよ。居城の北庄城《きたのしょうじょう》へ戻る途中、利家の府

柴田公園　1575 年、柴田勝家が足羽川北岸に築いた平城。築城９年目に羽柴秀吉によって落城、焼失した。城址は石垣のみが残り、勝家を祀る柴田神社となっている。福井市

中城に寄ります。まつの用意した湯づけを口にしながら、覚悟を決めていたんです。「わしの首を秀吉に差し出すがよい」。前田家の安泰を祈っているんですよ。

カッコイイ!!

私だったら、「この裏切者。利家、決して許さん！」。罵倒して刺し違えてるかもしれませんね。

「この恩知らず！」ぐらいは必ず言っているでしょう。勝家去ったあと、秀吉が訪れます。利家は秀吉に北庄城攻めの先陣を申し出ます。これは恩人勝家への決別、そして盟友秀吉の臣下になる決意でもありました。

勝家が籠城する北庄城は、立派な城で、信長の安土城をもしのぐ九層の天守閣だったとか！　いま、柴田公園として、そこには勝家の銅像が建っていま

柴田勝家（？～1583）　勇猛果敢と伝わる柴田勝家の像。右手に長槍を持つ。福井市

す。勝家は信長の妹、お市の方を嫁に迎えていました。落城の前に、お市の方と浅井長政との間にできた三姉妹の助命を願い出ます。ただお市の方は憎き秀吉の軍門に下ることを良しとせず、実直な勝家と運命をともにするんです。で、三姉妹は秀吉に託されます。

柴田勝家という男は、とても泥臭い男で不器用だったかもしれませんが、じつにすがすがしい男の人生を全うしたのでしょうね。

好きな武将のひとりですが、評価が低すぎると思いますよ！　ただ勝家は天下をとる器ではないですが……。

秀吉からの信頼

利家は休む間もなく、秀吉と徳川家康との小牧長久手の戦いに挑みます。このときライバル佐々成政は、利家の敵として家康に味方します。成政は能登の末森城で、八〇〇〇の兵で利家を取り囲みます。

城兵三〇〇、危機一髪の利家、ケチで兵力を整備していなかったんですよ。これに女房まつはカンカン!!

秀吉が人材登用に力を入れていたのに対し、利家は蓄財に力を入れていた人で、天下人とナンバー2の差がはっきり分かれますね。

必死で末森城を守り抜き、戦後秀吉から越中国を拝領し、前田利家加賀百万石の足掛かりをつかむんです。そして秀吉の九州平定、奥州の争いの仲介、また小田原北条攻め、秀吉の天下統一のために尽力します。

このころから秀吉は人間が変わっていったという人もいます。一人息子の秀頼への溺愛《できあい》、そして朝鮮出兵、この悪名高き朝鮮出兵ですよ。そのなかで少なくとも利家だけが唯一、秀吉に意見が言える立場でしたが、却下されます。

秀吉は、あまりにも出世が早かったために、中途採用の人材が多かったのは致命傷だったかもしれませんね。その点、家康は古くからの三河武士団の上に立っていて一枚岩だったことが財産でしたね。

秀吉の身内で献身的にフォローしていた弟・豊臣秀長が九州平定後、他界してしまいます。これは相当な痛手でしたね。

その穴を埋めるのが利家でした。さすがの切れ者の石田三成はまだ若すぎました。

このころ、もっとも秀吉に信頼を得ていた前田利家、あの賤ヶ岳の裏切り人生以来、豊臣大名として、晩年は、豊臣五大老のひとりで唯一、徳川家康に匹敵する風格まで備えた男として、王道を歩いていました。

その姿を天国から柴田勝家は、「利家よ、よくやっているじゃないか！」なんて思っていたのでしょうか！

そして天下人豊臣秀吉は、慶長三年（一五九八）に没します。享年六二。

秀吉は病床にあって利家に豊臣家の安泰を願います。とくに幼き息子、秀頼の行く末を心配しつつ、利家だけが頼りでした。

そして文禄・慶長の役が終了。引き上げてくるんですが、武将たちは苦難の連続で、その怒りは、秀吉でなく豊臣五奉行筆頭の石田三成に向けられます。これが関ヶ原の導火線となっていくのですが、この亀裂を埋めるのが前田利家で、これを好機到来と見たのが徳川家康だったのです。

戦国探検隊 レポート⑳

前田家、百万石の支出事情

豊臣五大老の実力者、前田利家は金沢百万石の礎をつくり、その後を継いだのが前田利長。彼は、家康に目をつけられ、母まつこと芳春院《ほうしゅんいん》を江戸に人質として出さざるをえない処遇を受けますが、そのおかげ？　ともいえるでしょうね。日本一の外様大名、金沢百万石になり幕末までつづくんですから立派ですよ。

余談ですが、そのあとの利常は江戸城内でも鼻毛伸びっぱなしで、愚かさを演じていて、周りを欺《あざむ》いていたとか！

ただ利家の二男利政は能登の領主でしたが、関ヶ原で西軍に与《くみ》したとか、しなかったとか。で領地没収されて京に隠居して生涯を終えたとか！

徳川家康は人のフンドシで相撲をとる人物で、自分で金を使わず天下普請という名で外様大名の財力を削《そ》いでいきます。

長良川の治水工事など、島津藩の優秀な人材をどれほど死なせたことか！　命まで奪ってしまうのですよ。

島津七七万石より上の前田百万石にはもっと莫大な金を使わせています。とくに江戸の街の治水工事や江戸城の石垣工事までさせています。現存していますが、立派なものです。

あの東京大学の赤門は加賀藩一二代前田斉泰《なりやす》が徳川家の溶姫《やすひめ》を正室に迎えるにあたり建立されたもので、正式名称を旧加賀屋敷御守殿門といいます。

徳川家と縁を結ぶには「金」がかかるのは、幕末に薩摩の島津斉彬《しまづなりあきら》の養女篤姫が一三代徳川家定に輿入れしたとき、お庭番の西郷隆盛が結納品などを調達したとか！

最後に前田家は秀吉に養女として出していた豪姫を宇喜多秀家に嫁がせますが、関ヶ原で西軍に参戦したので離縁となり、豪姫は前田家へ、秀家は八丈島へ流罪になります。しかし前田家はあの南海の孤島へ宇喜多家のために幕末まで物資を輸送しているんですよ。なかなかできることじゃないですよ。

いま、八丈島には秀家と豪姫の像が二人並んでおり、当時の悲恋を偲《しの》ばせますね。徳川三百年の歴史で参勤交代も百万石らしい規模でしたので、相当にたいへんな「支出」の苦労があったでしょう！

前田家、加賀百万石へ

前田利家の大芝居

大坂城で秀頼中心の政治体制を敷こうとする利家と石田三成。これに対し禁止されていた大名同志の政略結婚を断行する家康。着実に天下取りへのスケジュールを突き進み、反三成の武将を手懐《てなず》けていきます。こんな状況のなかで、前田利家が病に冒《おか》されはじめていました。さすがの歴戦の勇士、槍の又左も、病魔との戦いには苦しんでいました。

もう家康の狙いがわかっている利家は、後世に語り継がれる一世一代の大芝居を打ちます。伏見城にて家康と対面します。和解とは建て前で、刺し違えるつもりだったといいます。それによってみずからの命を捨てて豊臣家を守ろうとしたというのです。

真偽はともかく、このことが後世、前田利家を男にしたと思うのです。過去のことをいっさい、チャラにしてしまう、つまり自分が斬られれば、豊臣恩顧の武将は黙っていないだろうと、家康の孤立化作戦だったんですが、家康は一枚上でした。

敵陣のなかに丸腰でやってくるのですよ。それはそれは礼儀正しくへりくだって、利家の「五郎正宗」

を抜くきっかけを奪ってしまうのです。

ここで前田利家は、恩義ある豊臣家を捨てて、前田家を守ろうと方向転換したのだと推測するんですね。一世一代の大芝居と私は思うんですが……。

なぜなら、この後返礼のため、家康が前田屋敷を訪ねると、一転して家康に前田家をゆだねるのですよ。ソフトにですが……。

利家は本当に現実主義者。つまり現場がしっかり見えている、世の流れが読める人だった、と言えるでしょうね。

ここが福島正則と違うところです。（笑）

利家の遺言

そして秀吉は天国で淋しかったのか、利家を呼んだんでしょう。秀吉の死の翌慶長四年（一五九九）利家も秀吉と同じ年で亡くなります。

利家亡きあと、息子前田利長は家康に対抗できる力はないため、前田家存続の道を探らせたんでしょう。

遺書には「わしの死後、秀頼公に謀反する者が現れる。それに備えよ」とあったとか。しかし家康と名指ししなかった、ここに利家のバランス感覚の良さが見えてきますね。

前田利家、人生に勝ち組というのがあれば間違いなく成功者でしょう。外様大名ナンバー1・加賀百万石のカッコよさ。いまの時代にも語り継がれているのです。

しかし、その後の前田家の人びとも世渡り上手で感心しますよ。

利家亡き後、徳川家康から魔の手が伸びてきます。前田家は豊臣家に謀反ありとして、イチャモンをつけます。まあ予想されたことでしょうけど、利家の賤ヶ岳の一件にも通じるのですが、生き残ることこそ大事という家訓があったんでしょう。

家康の無茶ぶりに、もちろん前田家では抗戦派と恭順派に分かれますが、利家の正室まつ、芳春院が家康の要望どおり、江戸へ人質として行くことを決意します。

芳春院は、息子利長（二代藩主）に、「そなたの器量では勝てぬ。降参せよ！」。それで前田家を守ります。家康はその後、息子秀忠の次女と利長の異母弟の利常との政略結婚を進めます。

これまで五大老では同格だった前田家は、家康の臣下として江戸時代を生き抜きます。これは前田利家の教えを踏襲したことになります。

前田家ばかりでなく、家康、徳川幕府の横暴ぶりはひどいもので、全国諸大名に「天下普請」と称して城づくりや土木工事を負担させるんです。財力を削ぐためです。汚い徳川ですよ。人にばかり金払わ

治水神社　木曽三川分流の治水工事に尽力した薩摩藩家老平田靱負と薩摩藩士らの功績を讃え、犠牲となった多くの藩士たちを慰霊するために、1938年に創建された。祭神は平田靱負。。岐阜県海津市

せて自分では飲み代を払わない落語家みたいです（笑）

あの名古屋城も、天下普請つまり江戸普請でつくられました。前田家もとりわけ負担が大きくて、江戸の町の整備も甚大で、その上に、明暦三年（一六五七）の大火で天守が焼失してしまいました。いまも残っていますが、立派な石垣は前田家が建造しているのです。しかし、三代将軍家光の異母弟・保科《ほしな》正之《まさゆき》が、まず江戸の街再建を優先しましょうと進言したので、結局、天守閣は建つことがなかったのですね。

また江戸中期、外様大名ナンバー2の島津家は伊勢湾へ流れ込む長良川治水工

事もさせられました。多くの命を失い、これを宝暦治水事件といいますね。現在、岐阜県海津市の治水神社には感謝の意をこめて石碑が建てられています。

名君、前田利常

この前田利常は治水や農政事業など、政治手腕は後世に語り継がれる名君でした。

また前田利家とまつの間に生まれた娘（三女）を、子宝に恵まれなかった豊臣秀吉は養女としました。

前田利常（1594 ～ 1658） 前田利家の４男。、妻は徳川秀忠の娘・珠姫。。加賀藩２代藩主。

その子を秀吉とねねはかわいがり、豪姫として、あの五大老のひとり宇喜多秀家へ嫁がせます。

ところが関ヶ原で西軍に与《くみ》した秀家と離別させられ、秀家は南海の孤島・八丈島に流され、八十余年の人生で幕を閉じますが、生活に困窮していた宇喜多家に、前田家は幕末まで船で物資を運んで助けたといいます。

前田家の律儀なところを見せてくれますね。

いまや北陸の顔として、城下町金沢は魅力ある人気ス

ライトアップされた金沢城

ポットになっていますね。

金沢城の白壁って立派で、落語家の私は、夜、その白壁にライトを当てて、それをバックに落語を演じたことがありました。幻想的な空間をつくってくれたことを前田利家に感謝いたします。（笑）

また日本三名園のひとつ兼六園も人気観光地で、多くの人が訪れますね。

最後に、前田利家の、あの賤ヶ岳の大裏切りを、私はなぜ、無視できないのか！

それは生き残るために戦略戦術を駆使する、それが勝ち組ストーリーなのだという。つまり成功者であり、責任者の努めであるということなのでしょうね。私には到底できないですが、そのことに憧れる自分がいると近ごろ思うのです。

戦国探検隊 レポート㉑

あやかりたい北陸三県の都市名

加賀百万石。金沢の町は新幹線の開通もあり、観光地としてたいへんな人気スポットですね。北陸三県といいますが福井県、石川県、そして富山県。

皆さん、福井の福、石川県金沢の金、富山の富って縁起のいい名前ですよ。幸せを呼び込むネーミングですよ。

ここをもっとアピールして「福金富」なんて名前のお酒とかスウィーツとか、お土産など販売したらどうですか！　北陸の「福金富」どうでしょうか！

また、北陸新幹線が敦賀まで開通、おめでとうございます。観光客は越前ガニに殺到するでしょう。

では、お祝いの謎かけを！

　福金富とかけてパリコレととく

更に福、服を重ねてお金を注ぎ込めば、富に、とみに、賑《にぎ》やかになるでしょう。

令和六年一月一日、北陸地方に未曾有の大地震が発生しました。

お正月ということで、帰省されたご家族も被害を受け、死傷者多数、お悔やみ申し上げます。

北陸の極寒のなか、被害者の方、援助の方のきびしさは、テレビで見ていても理解できます。

あるテレビで、避難所生活をせず、倒壊した自宅で後片付けをしながらの高校受験生が、「こんな困難を乗り越えたときに将来大きな財産になる！」とインタビューに答えていて、目頭が熱くなりました。

歌手松山千春さんはラジオで、「こんなとき、お金のある人はお金で応援しよう！　時間のある人はボランティアで応援しよう！　それも叶わない人は心の中で応援しよう！」と訴えました。

一日も早く日常の生活が戻りますように、普通が普通になりますように、心よりお祈りいたします。

二〇二四年一月

桂　竹丸

おわりに——歴史は本当ですか？　ウソですか？

歴史は勝者がつくるなんて当然でしょう。これを我々は子どものころから、日本史や世界史で教わるんですが、危ないときもありますよね？　とくに、とくにあの石田三成へのひどい悪評はなんでしょうか！

まあ　大河ドラマなど、だいたい信長・秀吉・家康が英雄で明智光秀や石田三成が、謀反人扱いというストーリーです。

「天下分け目の戦い」の石田三成の愚行を認めないと、徳川幕府の正当性が主張できないのでしょうか！

近ごろ、諸説ありますがなんてこと言って、少しずつ理解に幅を持たせているようですが、本当に会ったこともないし、また会ってもわからないことも多いのが常だけど、石田三成をはっきり善とは言い切れませんが、もうそろそろ冷静な認識で歴史を伝えられないものでしょうか！

あの「忠臣蔵」だってひどいですよ。吉良上野介はそんな悪人ですか！

年寄りを寄ってたかって四十七士で殺してしまうなんて　老人虐待じゃないですか！

まあ　大河ドラマや時代物は、作家が、演出家や俳優たちが構成するものです。

だから　半分は片足突っ込んで半分は元に残しておくのが大切なことです。大河ドラマが真実と思っている人がいますから。

歴史で学ぶところがどれだけ多いことか。時には憧れ、時には夢、時には尊敬、時には反面教師などさまざまです。

現代の我々に多くのことをいまも教えてくれています。


なお、本書執筆にあたり多くの書籍を参考にさせていただきました。それぞれ記すことはいたしませんが、この場をお借りして御礼申し上げます。

二〇二四年一月

桂　竹丸

桂竹丸の戦国ひとり旅

2024年4月23日　第1版第1刷発行

著　者　桂竹丸
発行者　柳町 敬直
発行所　株式会社 敬文舎
〒160-0023　東京都新宿区西新宿3-3-23
ファミール西新宿405号
電話　03-6302-0699（編集・販売）
URL　http://k-bun.co.jp
印刷・製本　中央精版印刷株式会社

造本には十分注意をしておりますが、万一、乱丁、落丁本などがございましたら、小社宛てにお送りください。送料小社負担にてお取替えいたします。

〈(社) 出版者著作権管理機構　委託出版物〉本書の無断複写は著作権法上での例外を除き禁じられています。複写される場合は、そのつど事前に、(社) 出版者著作権管理機構（電話：03-5244-5088、FAX：03-5244-5089、e-mail：info@jcopy.or.jp）の許諾を得てください。

Ⓒ Takemaru Katsura 2024
Printed in Japan ISBN978-4-911104-03-3